GAULLISME

UNE CLASSIFICATION IMPOSSIBLE

5-7, rue de l'Ecole polytechnique, 75005 Paris

http://www.librairieharmattan.com
diffusion.harmattan@wanadoo.fr
harmattan1@wanadoo.fr

ISBN : 978-2-296-08959-4
EAN : 9782296089594

Gaetano Quagliariello

GAULLISME

UNE CLASSIFICATION IMPOSSIBLE

Essai d'analyse comparée des droites française et italienne

L'Harmattan

Collection « Inter-National »

dirigée par Denis Rolland avec
Joëlle Chassin, Françoise Dekowski et Marc Le Dorh.

Cette collection a pour vocation de présenter les études les plus récentes sur les institutions, les politiques publiques et les forces politiques et culturelles à l'œuvre aujourd'hui. Au croisement des disciplines juridiques, des sciences politiques, des relations internationales, de l'histoire et de l'anthropologie, elle se propose, dans une perspective pluridisciplinaire, d'éclairer les enjeux de la scène mondiale et européenne.

Série générale (dernières parutions) :

J. Faure et D. Rolland (dir.), *1968 hors de France.*
A. Purière, *Assistance et contrepartie. Actualité d'un débat ancien.*
R. Guillot, *La chute de Jacques Cœur. Une affaire d'État au XVe siècle.*
G. Brégain, *Syriens et Libanais d'Amérique du Sud (1918-1945).*
F. Bock, G. Bührer-Thierry, S. Alexandre (textes réunis et établis par), *L'échec, objet d'histoire.*
C. Collin Delavaud, *Les 1001 routes de la Soie.*
A. Bergeret-Cassagne, *Les bases américaines en France : impacts matériels et culturels, 1950-1967.*
C. Birebent, *Militants de la paix et de la SDN. Les mouvements de soutien à la Société des nations en France et au Royaume-Uni, 1918 – 1925.*
C. Delbard, *Le Père Castor en poche (1980 – 1990), ou comment innover sans trahir ?*
P.-O. Pilard, *Jorge Ricardo Masetti. Un révolutionnaire guévarien et guévariste de 1958 à 1964.*
É. Gavalda, L. Rouvin, *La Chine face à la mondialisation.*
M. Cottias, A. Stella et B. Vincent (dir.), *Esclavage et dépendances serviles : histoire comparée.*
D. Rolland, D. Georgakakis, Y. Déloye (dir.), *Les Républiques en propagande.*
F. Le Moal, *La France et l'Italie dans les Balkans.*
C. Bernand et A. Stella (coord.), *D'esclaves à soldats. Miliciens et soldats d'origine servile. XIIIe - XXIe siècles.*
Z. Haquani, (entretiens avec S. Brabant, M. Hecker, P. Presset), *Une Vie d'Afghanistan.*
J. de La Barre, *Identités multiples en Europe ? Le cas des lusodescendants en France.*
F. Chaubet, *La politique culturelle française et la diplomatie de la langue.*
A.-A. Jeandel, *Andrée Viollis : une femme grand reporter. Une écriture de l'événement. 1927-1939.*

Au general Charles de Gaulle et aux dix annees de ma vie passees à essayer de le comprendre

Le gaullisme est une force puissante de l'avenir dont le rôle, quoi qu'il arrive, restera déterminant dans l'évolution du peuple français. Le gaullisme a derrière lui aussi un long passé. Au début il y a eu la Résistance. Puis il est devenu le RPF, dont les aspirations réelles sont ignorées de ceux qui en ont parlé. A partir de 1958, il est devenu l'adhésion de la nation au général de Gaulle. Il a donc changé de formes plusieurs fois. Et il en changera encore.

René Capitant, *Ecrits politiques 1960-1970*

1.

DE GAULLE ET LE GAULLISME VUS D'ITALIE

J'entreprends cet essai le jour même de l'élection de Nicolas Sarkozy, sixième président de la Ve République française. Presque cinquante ans après la sortie de scène du général, c'est de nouveau l'un de ses héritiers qui conquiert le trône du monarque républicain. Une fois encore les cassandres ont été démenties : non seulement celles qui pronostiquaient, du vivant du général, l'impossibilité d'un gaullisme sans de Gaulle, mais également celles qui n'ont eu de cesse que d'annoncer pendant ces cinquante dernières années la fin imminente de la Ve République.

Examiner l'histoire du gaullisme du point de vue italien peut être d'une certaine utilité pour mieux comprendre les raisons historiques de ces démentis répétés. C'est là, du reste, un exercice d'autant plus utile que la comparaison entre la France et l'Italie a été particulièrement conditionnée par un certain nombre de stéréotypes que je me propose de démentir. Selon l'une de ces « vulgates », les processus constituants français et italien ont décrit, dans l'immédiat après guerre, des trajectoires parallèles qui ne se seraient différenciées qu'en 1958, pour cause de crise algérienne[1]. Il n'en est rien et il sera aisé de démontrer combien

[1] Pour la comparaison entre la IVe République française et la I^{e} République italienne cf. AA.VV., *Due Resistenze e due repubbliche,* Atti del convegno storico italo-francese, in *Storia e politica*, a. XIV, fasc. I e II, gennaio-giugno 1975 ; Pietro Ciarlo, « Lo sciopero tra fatto e diritto nella fase costituente : Italia e Francia », in Ugo De Siervo (éd.), *Scelte della Costituente e cultura giuridica,* vol. II, *Protagonisti e momenti del dibattito costituzionale,* Bologna, Il Mulino, 1980 ; Ugo de Siervo, « Le idee e le

tant les phases constituantes et leurs présupposés historiques que l'évolution des deux systèmes politiques ont été des processus profondément différents. Il s'agit là d'un rappel utile pour comprendre pourquoi l'Algérie, qui a indéniablement constitué un élément nécessaire pour que la transition de la IVe à la Ve République réussisse, ne doit pas être pour autant considérée comme un facteur explicatif suffisant de la transition de 1958[1]. Du point de vue historique, la « transition réussie » de 1958 ne peut se comprendre que si l'on tient compte de la « transition manquée », qui regroupe les années du gouvernement provisoire, la naissance et la vie du Rassemblement du peuple français (RPF), et ce que l'on a appelé la « traversée du désert ». En précisant cette corrélation entre deux phases de l'histoire du gaullisme qui ont été trop souvent considérées indépendamment l'une de l'autre, y compris par l'historiographie française, il sera d'autant plus facile d'atteindre les deux autres objectifs de cet ouvrage. Tout d'abord, il s'agira de montrer pourquoi la naissance de la Ve République doit être considérée, du point de vue politique et institutionnel, comme un tournant non seulement pour l'histoire française, mais également pour celle du continent. Ce préalable permettra ensuite d'aborder la question de la véritable nature de la droite gaulliste telle qu'elle se développa en France à partir de 1958, et d'expliquer pourquoi elle possède une capacité d'adaptation qui lui a permis de survivre à son fondateur, jusqu'à s'incarner dans le sixième président de la République fraîchement élu.

Il est indéniable qu'une analyse portant sur la droite gaulliste doit tenir compte de la longue durée. Mais si l'on veut découvrir

---

vicende costituzionali in Francia nel 1945 e 1946 e la loro influenza sul dibattito in Italia », in Id. (éd.), *Scelte della Costituente e cultura giuridica,* vol. I, *Costituzione italiana e modelli stranieri,* Bologna, Il Mulino, 1980 ; Paul Ginsborg, « Insistenza e riforma in Italia e in Francia », in *Ventesimo secolo*, a. II, maggio-dicembre 1992, n. 5-6 ; Sandro Guerrieri, « Le idee costituzionali del Pcf e del Pci all'indomani della Liberazione », in *Studi storici*, a. 36, n. 3, luglio-settembre 1995 ; Gaetano Quagliariello, « La transizione alla democrazia in Italia e in Francia », in Elena Aga-Rossi, Gaetano Quagliariello (éd.), *L'altra faccia della luna. I rapporti tra Pci, Pcf e Unione Sovietica,* Bologna, Il Mulino, 1997 ; Jean Rivero, « Constitution italienne et Constitution française », in Emilio Crosa (éd.), *La Constitution italienne de 1948,* Paris, Colin, 1950.

[1] Pour un approfondissement sur ces thèmes, je me permets de renvoyer à mon *De Gaulle e il gollismo*, Bologna, Il Mulino, 2003, traduit en français sous le titre *La Religion gaulliste* (Perrin, 2007) dont cet essai aurait dû être l'introduction.

le véritable secret de son actualité persistante, son histoire doit aussi nécessairement être mise en étroite corrélation avec celle de la République, dont l'acte de baptême est marqué du sceau du gaullisme. Dans ce cas aussi, la comparaison avec une histoire différente - les rapports entre la droite et la République italiennes - pourra nous fournir des informations et des points de réflexion qui avaient échappé jusqu'à présent à l'attention des historiens.

2.

LES DEUX RESISTANCES

En se référant à l'évolution de la situation internationale de son pays, de Gaulle affirma en octobre 1946, quelques mois après sa démission du poste de chef provisoire du gouvernement : « Il nous faut bien considérer qu'en dehors de l'Italie, nous sommes le seul pays au monde à faire procéder l'autorité de l'Etat et l'ensemble des affaires publiques exclusivement des partis. Ce qui explique la pagaille de l'Italie et la nôtre »[1]. Ces points communs présumés ne se limitaient pas à la sphère des institutions : à l'époque, l'orientation idéale des formations qui prévalurent à la reprise de la vie démocratique de part et d'autre des Alpes accentua la ressemblance. Dans les deux cas, en effet, les partis communistes, socialistes et démocrates-chrétiens se présentèrent comme les principaux acteurs du moment ; des acteurs capables, par leur force électorale et organisationnelle, de renverser les hégémonies en vigueur avant les expériences autoritaires : celle des libéraux en Italie ; des radicaux en France.

Dès cette époque, au-delà de parallèles impressionnistes, la mise en place des deux Républiques se fondait sur des présupposés assez différents. Pour le démontrer, il convient de partir de l'analyse des phénomènes de résistance qui sont à l'origine, selon la vulgate, des nouveaux régimes. Le premier élément de différenciation à prendre en considération réside

---

[1] In Claude Guy, *En ecoutant de Gaulle (Journal 1946-1949)*, Paris, Grasset, 1996, p. 140.

dans le fait que la résistance française a été un phénomène à la fois beaucoup plus structuré et de plus longue durée que la résistance italienne. Elle débuta le 18 juin 1940, date de l'appel du général de Gaulle à radio Londres, et acquit une double dimension : l'une interne et l'autre externe, qui développèrent entre elles des rapports incertains. Sur le territoire métropolitain, elle connut une progression différente entre la zone libre et la zone occupée. Elle eut une dimension militaire importante et exerça de manière stable la souveraineté sur une partie du territoire national, ce qui lui permit en particulier d'élaborer une politique extérieure sous des formes officielles. En Italie, en revanche, il faut attendre l'armistice du 8 septembre 1943 pour qu'un phénomène structuré de résistance se développe. Avant cette date, il n'existait que des réseaux clandestins restreints, et la dimension extérieure de la dissension était réduite à des phénomènes individuels ou à la simple survie des vieux partis politiques en exil. Quand la résistance assuma par la suite une certaine consistance, elle se développa, pour des questions de chronologie, quasiment uniquement dans la partie occupée du pays, prenant la forme d'une guerre civile. Quant à la dimension militaire de la résistance italienne, elle n'est pas comparable au phénomène français, tant du point de vue stratégique que numérique[1].

Il est impossible de ne pas souligner, à ce propos, combien la présence et le rôle du général de Gaulle ont contribué à différencier les deux phénomènes. Il acquit au sein de la résistance française un leadership sur lequel la résistance italienne ne put jamais compter. Sa figure fut un élément unificateur décisif : tant pour souder la résistance militaire avec la résistance politique que pour trouver un accord entre résistance extérieure et intérieure. En outre, ce fut grâce à ce leadership fort que la résistance française put conquérir une

---

[1] Pour une comparaison plus attentive entre les résistances italienne et française, cf. le numéro de *Ricerche di storia politica* (n. 1, 2002) dédié à *Resistenza/Resistenze in Europa,* sous la direction de Giulia Guazzaloca ; cf. en particulier les articles d'Elena Aga-Rossi, pp. 9-16, de Claudio Pavone, pp. 31-38, et d'Olivier Wieviorka, pp. 61-76.

souveraineté propre et, surtout, jouer un rôle important au niveau international[1].

Ces différences données pour acquises, nous pouvons désormais considérer les résistances italienne et française en fonction de leurs rapports avec les partis politiques. Au moins en ce qui concerne les débuts, il est possible de signaler une analogie : les partis eurent dans les deux cas un rôle mineur. En France, la résistance née en juin 1940 à Londres doit même être considérée comme un phénomène antiparti et a-démocratique. En Italie, l'historiographie met en évidence de manière toujours plus nette comment, à ses débuts, la résistance fut un phénomène lié à la sphère militaire et comment le concept de patrie ne lui fut pas étranger[2]. Dans les deux cas, donc, les partis n'affirmèrent leur hégémonie au sein de la résistance que dans un second temps, exploitant la durée ; un facteur dont on a vu qu'il était inégal d'une résistance à l'autre. En France, les partis ne « s'emparèrent » jamais complètement de la résistance et celle-ci connut un développement graduel et continu. La première étape de ce processus survint au cours de juin 1941 quand, à la suite de l'invasion de l'URSS par l'armée hitlérienne, les communistes entrèrent en résistance. Le second moment important - et à certains égards décisif - se situa à la fin de l'année 1942, lors du débarquement allié en Algérie et des accords qui s'ensuivirent entre le général américain Clark et l'amiral vichyste Darlan. Cette perspective, qui risquait d'écarter les gaullistes, contraint de Gaulle à effectuer une première ouverture décisive à l'égard des partis. L'exigence ne diminua pas lorsqu'à Alger, après l'assassinat de Darlan, les Américains voulurent confier au général Giraud la gestion des territoires libérés en Afrique du Nord. Dans la partie qui débuta pour le contrôle du pouvoir, de Gaulle joua la carte décisive de l'unité autour de sa personne du maximum de forces d'opposition à Vichy, et en tout premier lieu, des partis politiques ressuscités. Ce n'est donc pas un hasard si c'est précisément en mars 1943

---

[1] A ce propos, je me permets de renvoyer à mon article « L'origine del carisma di de Gaulle e il suo impatto sulla storia della Francia repubblicana », in *Ricerche di storia politica*, n. 3, 2002, pp. 377-392.

[2] cf. à ce propos la version revue et actualisée de Elena Aga-Rossi, *Una nazione allo sbando*, Bologna, Il Mulino, 2003.

qu'il conféra à Jean Moulin la mission de former sur le territoire métropolitain un conseil national de la résistance, au sein duquel les vieux partis politiques commencèrent de fait à entamer les positions que les mouvements de résistance avaient acquises[1]. Cette tendance s'accentua lorsque la capitale de la résistance se déplaça de Londres à Alger : la naissance de l'assemblée consultative et la formation d'un gouvernement provisoire, par la suite reconnu, furent autant d'étapes de la consolidation du pouvoir des partis[2].

En Italie, en revanche, le processus connut une accélération décisive après le retour de Togliatti. Ce fut alors que prévalut une conception « médiane » des comités de libération nationale (CLN) : à mi-chemin entre celle de ceux qui, comme les catholiques et les libéraux, voulaient que ces organismes représentent un accord temporaire entre les partis en raison de l'urgence nationale ; et celle de ceux qui, sous l'égide du Parti d'Action, voulaient faire des CLN les organismes du nouvel Etat, illustration de la rupture institutionnelle avec l'histoire précédente de la nation. Dans la vision communiste - et de Togliatti en particulier -, la formule des CLN devait devenir l'archétype d'une conception politique et institutionnelle durable, se prolongeant donc au-delà de l'urgence. Fondée sur la rencontre entre les masses communistes et catholiques, cette conception prévoyait la cogestion du pouvoir grâce à l'association au sein du gouvernement des grands partis de masse, chacun d'entre eux représentant la projection d'un secteur précis de la société auquel un quota de pouvoir, proportionnel au segment social représenté, reviendrait de droit[3].

Cette pénétration progressive de la résistance de la part des partis, qui connut la même direction de marche dans les deux pays, n'eut cependant pas la force d'annuler les différences génétiques entre les deux résistances auxquelles on a fait

---

[1] cf. à ce propos Daniel Cordier, *Jean Moulin. L'inconnu du Pantheon,* vol. 3, Paris, Lattes, 1989 ; sur la possibilité d'un parcours différent - hostile aux partis - de la résistance gaulliste, cf. Guillaume Piketty, *Pierre Brossolette. Un heros de la Resistance,* Paris, Jacob, 1998.

[2] cf. à ce propos la boîte 639 de la série GU Londres-Alger 1940-1945, Archives du Quai d'Orsay, Paris.

[3] Sur cet aspect, cf. Roberto Gualtieri (éd.), *Il Pci nell'Italia repubblicana 1943-1991,* Roma, Carocci, 2001.

référence. Ceci est particulièrement clair lorsque l'on prête attention à la position que les forces de gauche occupèrent par rapport à la légitimation de la résistance. Malgré tous les efforts réalisés par l'historiographie communiste française pour retrodater l'entrée du PCF dans la résistance, il n'a pas été possible de nier l'évidence : la résistance commença alors que le Parti communiste français était encore fortement conditionné par le fardeau du pacte germano-soviétique et, pour cela, occupé à proférer des mots d'ordre pacifistes et anti-impérialistes. Afin de ne pas appesantir cette démonstration, on se limitera à souligner que la chronologie de la résistance en France, surtout à cause des compromissions de la période 1939-1941, ne concéda pas au PCF le monopole de la légitimation de la résistance. Même lorsqu'en janvier 1946, le général de Gaulle abandonna le pouvoir et sembla sortir de scène, l'existence d'une légitimité issue de la résistance différente et pouvant revendiquer une adhésion plus forte à la cause de la nation pesa sur la tête des communistes comme une hache. Aussi, au moment des choix imposés par la guerre froide naissante, la grande contribution offerte par le PCF à la résistance - en termes politiques et de vies humaines - ne le libera pas de l'accusation de « séparatisme », autrement dit de privilégier ses attaches internationales sur l'intérêt de la nation. Les communistes français, face aux grands choix qui opposèrent les intérêts de l'URSS à ceux de la France - en particulier la question allemande et, plus encore, la guerre d'Indochine - reproduisirent des comportements politiques qui renvoyaient, dans l'imaginaire collectif, à leur attitude de septembre 1939 à juin 1941 ; une attitude impossible à oublier voire seulement à édulcorer.

Mettre en évidence combien la situation du parti communiste italien (PCI) fut différente sur ce point est un exercice presque banal. La chronologie différente de la résistance, soulignée précédemment, fut telle qu'en Italie, personne ne put mettre en doute la participation du PCI à la résistance dès ses débuts. La légitimité qui en dériva lui fournit une « couverture » qui comprima largement les zones d'ombre et les ambiguïtés. Cette légitimation fut en outre facilitée non seulement par l'habileté politique avec laquelle les dirigeants communistes interprétèrent la partie de l'après-guerre, mais également par le fait qu'en Italie, des problèmes qui opposaient ouvertement l'intérêt de la nation et l'obligation internationale des communistes envers l'URSS ne se posèrent pas avec la même force et avec la même évidence qu'en France. Seule la question de Trieste fait figure d'exception et ce n'est pas un hasard si elle représenta le principal moment de difficulté tactique et de dissension avec le parti socialiste[1]. Trieste, cependant, comparée aux contradictions des communistes français face au problème de l'Indochine et à la question allemande est une contradiction qui se consume en un laps de temps assez bref, se résolvant par la rupture entre Staline et Tito. Par la suite, et en particulier au début des années 1950, une telle contradiction sera même exploitée politiquement par les socialistes et les communistes, afin de mettre en évidence le prix national que l'Italie fut contrainte à payer en échange de la participation à l'alliance occidentale, à savoir une reconsidération des exigences yougoslaves dans la région balkanique[2].

Si l'on persiste dans la comparaison entre les scénarios politiques italien et français de l'immédiat après-guerre, il faut également souligner l'attitude opposée de l'autre force de gauche. Les choix différents effectués par les socialistes de part et d'autre des Alpes ont des causes enracinées dans la politique et dans la culture des différentes formations. Mais, même en concentrant l'analyse sur le seul univers de la résistance, il apparaît tout de suite évident que la majorité des socialistes français ne fut pas disposée à oublier les choix communistes des années de guerre. Dès les premiers débats institutionnels de l'assemblée consultative d'Alger, ils n'épargnèrent aucune allusion aux « années noires »[3]. Ces allusions se transformèrent ensuite en attaques explicites, à partir du moment où le PCF et

---

1 cf., en particulier, le Journal de Pietro Nenni, *Tempo di guerra fredda,* Milano, SugarCo, 1981.

2 Sur l'utilisation de la question de Trieste de la part de la gauche durant la campagne électorale de 1953, je me permets de renvoyer à mon ouvrage *La legge elettorale del 1953,* Bologna, Il Mulino, 2003.

3 cf., à titre d'exemple, l'intervention emblématique de Vincent Auriol durant la séance du 27 janvier 1944, durant laquelle, ironiquement, il rappela aux communistes que les erreurs qu'ils avaient commises ne justifiaient par leur attitude de supériorité morale, in *Supplement au Journal Officiel de la Republique Française,* 27 janvier 1944, p. 12.

la SFIO (Parti socialiste – section française de l'Internationale ouvrière) soutinrent des blocs opposés. En Italie, en revanche, le PCI n'eut sur ce terrain pour ainsi dire qu'un seul adversaire, Angelo Tasca, diffamé pour ses prétendues compromissions avec Vichy. Et, même si Tasca rouvrit le dossier « 1939 » après que Togliatti ait fait référence à lui avec mépris dans *Contributo alla psicologia di un rinnegato* dédié à Ignazio Silone, une vraie polémique entre les deux hommes ne prit jamais consistance[1]. Il est presque superflu de rappeler les conséquences de ces développements différents sur les partis socialistes dans les deux pays au moment de l'entrée en guerre froide. En 1947, en effet, alors qu'en France, Ramadier chassa les communistes du gouvernement sans que cela ne compromette l'unité interne de la SFIO, en Italie la fin du tripartisme vit le passage à l'opposition de toute la gauche et le renforcement du pacte d'unité d'action entre socialistes et communistes. La scission de Palazzo Barberini de janvier 1947 se présenta alors comme une tentative de rééquilibrage non décisive.

---

[1] Sur ce sujet, cf. Angelo Tasca, « La società chiusa », in *Il Mondo*, 11 marzo 1950, pp. 3-4 et la réponse de Palmiro Togliatti dans le numéro du 18 mars, publiée dans la rubrique « taccuino ». Sur l'épisode, voir aussi la correspondance entre Angelo Tasca et Gaetano Salvemini, *Il dovere di testimoniare,* sous la direction d'Elisa Signori, Napoli, Bibliopolis, 1996, en particulier pp. 166-167.

3.

UN PROCESSUS CONSTITUANT ASYMETRIQUE

Ces différences dans la configuration des systèmes de partis, qui trouvent leurs racines dans les événements de la résistance, ont ensuite interagi avec des différences entre les parcours institutionnels des deux pays, tant au niveau formel que matériel. Du point de vue matériel, en particulier, on ne peut certainement pas retenir comme erronée l'observation de De Gaulle selon laquelle le phénomène des partis caractérisa la reprise politique dans les deux pays. Mais derrière cette ressemblance superficielle se cache, dans ce cas également, des situations substantiellement différentes.

En France, à la libération, les grands partis se sentirent adultes et en mesure de devenir des protagonistes essentiels de la nouvelle phase politique. Ils avaient dans leurs bagages des années de préparation et la conviction selon laquelle le moment était venu de se débarrasser de toute tutelle. Cette présomption nourrit un conflit inévitable avec les conceptions institutionnelles de De Gaulle, conflit qui l'amena en janvier 1946 à abandonner le pouvoir. Le fait qu'il ne fut pas rappelé, comme au fond il l'avait prévu, illustre cette volonté d'émancipation des partis. Les développements de la situation politique ont ensuite dévoilé comment cette exigence ne provenait pas seulement des partis de gauche - PCF et SFIO - mais qu'elle couvait également au sein du Mouvement républicain populaire (MRP) lui-même, considéré en ce temps-là comme le parti de la fidélité[1].

A la différence des partis français, leurs homologues italiens, en raison d'une phase de préparation et d'affirmation beaucoup plus courte, n'eurent la possibilité ni de formuler un programme défini ni de sélectionner une classe dirigeante à la hauteur des tâches dictées par la transition à la démocratie. De 1943 à 1948, la présence de personnalités provenant de l'Italie libérale - comme Benedetto Croce, Enrico De Nicola, Luigi Einaudi, Carlo Sforza, Meuccio Ruini, Giuseppe Grassi - fut décisive dans de nombreux domaines de la vie nationale. A partir de 1947, en particulier, l'alliance entre De Gasperi et ces « notables » devint une ressource fondamentale entre les mains de l'homme d'Etat démocrate-chrétien pour assurer la plus grande continuité à sa phase de gouvernement. En outre, face à l'influence de ces hommes porteurs d'une conception classique de l'État libéral, les partis politiques italiens, dans leur œuvre de conquête, purent exploiter plus qu'en France la dissolution de toutes les références traditionnelles du pouvoir. A partir du 8 septembre 1943, la débandade de l'État, la crise de l'armée et l'effacement de la monarchie firent naître une exigence spontanée de *tutorship* qui porta la société civile à rechercher, dans un milieu pluraliste, la référence que le Parti national fasciste (PNF) avait assurée à l'intérieur d'un régime à parti unique. Il n'y eut donc pas, dans cette phase, d'abus des partis envers la société civile, mais plutôt une requête spontanée de tutelle, qui se traduisit dans la transformation de partis exsangues en formations de centaines de milliers, si ce n'est de millions d'inscrits. On peut au fond soutenir qu'en Italie, les partis assurèrent cette jonction de l'histoire nationale que de Gaulle rechercha en France à travers le rétablissement de la légalité républicaine : la tentative de réunifier en une République sans nombre ni prétentions idéologiques l'histoire entière de la nation.

Les différences entre les deux contextes ne s'atténuent pas si des dynamiques matérielles de la vie institutionnelle l'on passe

---

[1] Sur les origines du conflit entre de Gaulle et le MRP, cf. en particulier Claude Mauriac, *Un autre de Gaulle. Journal 1944-1954,* Paris, Hachette, 1971.

aux dynamiques formelles. Lors des premières élections libres pour la constituante, les deux pays virent se manifester l'hégémonie de ce qui fut appelé le tripartisme, c'est à dire l'union des partis socialiste, communiste et démocrate-chrétien. Les rapports de force ne furent cependant pas les mêmes. En France, les partis de gauche purent compter sur une majorité absolue à la Chambre alors qu'en Italie, le barycentre politique était beaucoup plus en équilibre. En France, en outre, les partis purent profiter du fait que la guerre froide n'avait pas encore officiellement débuté pour tenter de se donner une constitution. Ils n'y réussirent pas, parce que les partis de gauche tirèrent un peu trop sur la corde et parce que de Gaulle, avant d'abandonner le pouvoir, leur avait imposé un référendum de confirmation. L'échec du premier projet de constitution porta à un repli sur une solution résiduelle, qui permit aux partis de s'unir à nouveau, au moins formellement, face au risque d'une nouvelle défaite qui aurait ouvert les portes du pouvoir au général. Mais cette nécessité donna à la IVe République une légitimation faible et incertaine.

En Italie, en revanche, le processus constituant débuta quand la guerre froide n'était pas encore formellement déclarée et se conclut alors qu'elle était devenue une réalité patente. Cette dernière circonstance incita tout le monde à la plus grande prudence. Les partis de gauche, en particulier, posèrent les bases pour que la constitution, plutôt que le résultat d'une épreuve de force, soit la transformation de l'accord issu de la résistance en une sorte d'objectif idéal, placé au-delà des équilibres politiques et géopolitiques du présent. Cet objectif était réalisable dans la mesure où, à la différence de la France, aucune composante de la résistance ne s'extériorisa en claquant la porte. La constitution italienne fut également, à de nombreux égards, un armistice. Néanmoins, en l'absence d'un vote populaire de confirmation, la constitution pourrait évoluer et se transformer dès que le cadre politique - national et international - le lui permettrait.

La phase de consolidation des deux systèmes confirma leur diversité de nature politique et institutionnelle. Dans ce cas également, la présence en France de De Gaulle et des gaullistes eut une influence décisive. En France, la rupture du tripartisme et l'accord de gouvernement entre socialistes et catholiques s'accompagna, à partir du début de 1947, d'une tentative visant à donner à la Troisième Force - l'accord réalisé entre socialistes, catholiques, radicaux et droites contre les périls opposés représentés par gaullistes et communistes - une consistance organisationnelle autonome. Cette tentative avorta dès 1948. Cet échec, par réaction, contribua à raviver les points de désaccords entre les programmes des partis, en particulier sur l'école et la question de la laïcité. La Troisième Force se transforma ainsi en une alliance avant tout défensive, qui porta ses protagonistes - SFIO et MRP avant tout - à des compromis continuels qui se réalisèrent le plus souvent au niveau parlementaire. D'où un renforcement de la position des groupes parlementaires par rapport à celle des partis, affaiblis ultérieurement, dans leur structure organisationnelle, par une participation gouvernementale sans solution de continuité qui alimenta inévitablement le ministérialisme. Ces partis s'éloignèrent ainsi encore un peu plus du modèle de parti d'intégration sociale.

Le déclin des structures organisationnelles débuta en 1947 et trouva un moment de stabilisation à partir de 1950. Une telle dynamique fut accentuée, en particulier à partir du moment où le radical Henri Queuille s'installa à la présidence du conseil le 11 septembre 1948, par la renaissance des « petits » partis : radicaux et modérés. Il ne s'agit pas seulement d'une remontée électorale. Les radicaux assumèrent, en particulier, un rôle stratégique majeur à l'intérieur de la Troisième Force et, plus en général, au sein du système politique, devenant le pivot autour duquel les majorités s'organisèrent, qu'elles penchent à droite ou à gauche. C'était là un passage de plus vers un retour au « parlementarisme » accompagné d'un multipartisme fragmenté et indiscipliné similaire, à de nombreux égards, à celui de la IIIe République. En France, la IVe République se consolida donc en décrivant deux arènes opposées: celle du système dans laquelle les forces politiques furent soumises à la loi de la dynamique parlementaire et celle de l'antisystème dans laquelle, en revanche, l'organisation de partis forts et structurés se confirma comme étant la règle. Dans cette dernière arène, on retrouve les organisations communiste et gaulliste, politiquement opposées, mais proches du point de vue du modèle de parti. On peut ainsi mesurer combien en France, dans la phase de consolidation (et avec plus d'évidence encore après la naissance du RPF), l'affrontement entre système et antisystème ne coïncida pas avec celui entre gauche et droite. En Italie, en revanche, même si l'on ne veut pas classifier à droite toutes les forces qui s'opposèrent à l'alliance socialo-communiste, le pacte d'unité d'action entre les deux partis contribua à bipolariser le système : à identifier, dans les faits, les forces antisystème avec la gauche et à reproduire parfaitement la logique de guerre froide sur le plan intérieur. C'est également pour cela qu'il n'y eut pas de « désarmement organisationnel » car la logique de l'affrontement représenta un stimulant constant à l'élargissement de l'organisation pour le parti catholique. La Démocratie Chrétienne (DC) passa ainsi de 537.568 inscrits en 1945 à 1.095.359 l'année des élections. Par la suite, une inflexion physiologique mais contenue se vérifia, mais à partir de 1953, la courbe des inscriptions se plaça constamment au-delà du million[1].

Les effets de l'affrontement bipolaire sur le système politique se firent sentir encore plus sur les deux partis de gauche. Pour le PCI, la construction du « parti nouveau » dans le deuxième après guerre comporta une tendance naturelle vers l'hybridation de différents modèles organisationnels : aux caractéristiques fondamentales de l'organisation léniniste (centralisme démocratique, activisme, discipline, cellules comme organisations de base) s'intégrèrent certaines caractéristiques propres de la tradition social-démocrate (caractère de masse, centralité de la sociabilité politique et développement d'un réseau associatif connexe, décentralisation organisationnelle, section). Cette hybridation des modèles ne porta pas seulement à l'édification d'une formidable structure organisationnelle qui, à partir de 1946, dépassa constamment les 2 millions d'inscrits mais surtout, pour ce qui nous intéresse, elle consentit au parti l'élasticité suffisante pour gérer une phase de transition dont la durée était imprécise et les débouchés imprévisibles. Au sein du parti, cela permit aux différentes âmes de vivre ensemble avec leurs sensibilités et leurs propensions

---

[1] Sur l'évolution du nombre d'inscrits, cf. les données recueillies in Francesco Malgeri (éd.), *Storia della Democrazia Cristiana. La Dc negli anni Ottanta, dal delitto Moro alla segreteria Forlani 1978-1989*, vol. 5, Roma, Cinque Lune, 1989, p. 320.

différentes. Vers l'extérieur, cela fut un préliminaire nécessaire pour répondre au développement incertain de la guerre froide. D'une manière générale, cette hybridation représenta la condition nécessaire pour exercer le pouvoir tout en restant de manière stable à l'opposition, influençant indirectement le format même du système politique. Pour cela également, le PCI, même s'il n'eut pas le dessus sur ses adversaires gouvernementaux, affirma son hégémonie au sein de la gauche, dominant les socialistes tant du point de vue politique que du point de vue organisationnel. En effet, la perspective de l'affrontement bipolaire, devenue évidente à partir de 1947, permit le développement de deux circonstances qui devaient conditionner non seulement l'histoire des socialistes mais également celle du système politique tout entier. En premier lieu, en partie à cause de la scission, on assista à un retournement des rapports de forces électoraux. En 1946, en effet, aux élections pour l'assemblée constituante, le PSIUP (Parti socialiste italien d'unité prolétarienne) était arrivé second, bien distant de la DC mais avant le PCI. Ce résultat fut largement renversé en 1948. En second lieu, la phase d'incertitude organisationnelle que le parti socialiste avait connu dans l'immédiat après-guerre, lorsque les modèles léniniste et social-démocrate s'étaient opposés, sans qu'aucun des deux ne réussisse à prévaloir, prit fin. Les bases pour la construction du fameux « parti morandien », dont l'édification débuta officiellement en 1949 (une tentative pour se donner une organisation forte modifiant génétiquement les principes les plus enracinés dans l'histoire du socialisme italien) furent posées[1]. Il faut considérer enfin qu'à la différence de l'affrontement tripolaire qui eut lieu en France, l'affrontement bipolaire en Italie n'offrit pas d'espace politique, en cette phase, aux « petits » partis, pour tenter une remontée. Le système se polarisa fortement et les effets de cette logique se firent sentir en 1948, quand la DC absorba une grande partie des voix de la droite mais également de ses alliés du centre. Si le gouvernement qui inaugura la première législature de la

---

[1] cf. Angelo Panebianco, *Modelli di partito : organizzazione e potere nei partiti politici italiani,* Bologna, Il Mulino, 1989.

République se configura comme un exécutif de coalition, cela ne fut pas du au résultat des urnes, mais à la clairvoyance de De Gasperi qui comprit l'importance stratégique - pour le système comme pour son parti - de l'alliance avec les forces laïques et modérées.

4.

AUBE DE GUERRE FROIDE ET REFORMES ELECTORALES

Les deux systèmes politiques ont donc bien, dès cette époque, entrepris des parcours différents. Cependant, le moment historique qui différencie de manière décisive les développements de la IVe République française de ceux que connut la I[e] République italienne eut lieu au début des années 1950 lorsque, avec un décalage de deux ans, la première législature arriva à son terme des deux côtés des Alpes.

En France, les élections législatives de 1951 furent le moment des bilans. Le résultat des urnes ne devait pas seulement permettre d'assigner les sièges au Parlement. Il devait également décréter si la somme des voix gaullistes et communistes serait en mesure de bloquer le fonctionnement du système, condamnant la Troisième Force en même temps que la IVe République. Pour éviter cette perspective, un système électoral favorisant les coalitions les plus unies fut adopté par l'intermédiaire de la loi dite « des apparentements ». Il ne s'agissait pas d'un véritable passage au scrutin majoritaire mais plutôt de l'invention d'un expédient de courte durée, favorisé par l'intérêt contingent de la coalition au pouvoir[1]. Le mécanisme se révéla décisif pour la victoire de la Troisième Force. La

---

[1] Sur la loi de 1951, cf. Jean-Marie Cotteret (éd.), *Lois electorales et inegalites de representation en France, 1936-1960,* Paris, Presses de la FNSP, 1960 ; Jacques Fauvet, *De Thorez à de Gaulle, les forces politiques en France,* Paris, Le Monde, 1951, en particulier le dernier chapitre consacré à la réforme électorale.

coalition du système remporta donc, en 1951, la « mère de toutes les batailles » contre des formations antisystèmes qui fondaient la majeure partie de leur force sur l'ampleur et la cohésion de l'organisation. Ce résultat comporta un affaiblissement ultérieur du rôle du parti dans les équilibres du système et un renforcement des logiques parlementaires. Rapidement, surtout à cause de la radicalisation des problèmes de politique étrangère (décolonisation et intégration européenne), des dynamiques et des regroupements transversaux s'affirmèrent en France et finirent par transformer les partis politiques en de simples simulacres[1]. Aussi, quand la crise algérienne survint et bouleversa les équilibres précaires de la politique française, les partis ne furent pas en mesure ni de faire face à la déflagration ni de sauver le système.

En Italie également, au début des années 1950, et de manière plus incisive à partir de 1952, il apparut de plus en plus clair que la croissance des droites risquait de priver la coalition centriste de l'ample majorité dont elle avait bénéficié en 1948. Pour cela, après de longues consultations et seulement à la veille des élections législatives, une nouvelle loi électorale fut votée, prévoyant que le parti ou la coalition (la loi parla explicitement de partis apparentés) qui obtiendrait 50,01 % des voix, recevrait 380 sièges (contre 210 pour la minorité). Il s'agissait d'une solution politiquement faible : en équilibre instable entre l'urgence de répondre à une exigence contingente (celle d'assurer la majorité à la coalition centriste qui, comme on l'a vu, avait clairement été privilégiée en France deux ans auparavant avec la « loi sur les apparentements ») et la velléité de corriger, par le biais d'un mécanisme électoral, l'équilibre fixé par la charte constitutionnelle, en concédant à l'exécutif et à son leader une force autonome grâce à une majoration des sièges provenant directement du verdict du peuple. Ce qui est politiquement faible n'est cependant pas pour autant une « arnaque ». Et pourtant, cette loi est passée à l'histoire apostrophée justement avec cette épithète infamante (« legge truffa »).

---

[1] Sur cet aspect, voir la contribution de Philippe Buton, « La Ced, l'affaire Dreyfus della IV Repubblica? », in Piero Craveri, Gaetano Quagliariello (éd.), *Atlantismo ed europeismo,* Soveria Mannelli, Rubbettino, 2003, pp. 21-49.

Pour comprendre pourquoi une loi électorale discutable finit par alimenter le mythe d'une escroquerie, il faut faire référence à la conception de la démocratie qui, à cette époque, était dominante dans la culture politique des oppositions et en particulier du PCI. Comme on l'a vu, l idée de démocratie telle que le nouveau cours communiste l'avait définie, à partir de la guerre de libération, s'appuyait sur la conception d'un parti populaire et de masse comme expression organique de la société. Chaque parti, en somme, était entendu comme l'expression et le reflet sociologique d'une classe ou d'une composante sociale déterminée. Le degré maximum de démocratie aurait été réalisé grâce à l association de tous les partis populaires au gouvernement. Ce présupposé eut deux conséquences directes : premièrement, une telle conception ne laissait aucune place à une vision conflictuelle de la démocratie, basée sur la succession de majorités alternatives au gouvernement et sur l'existence d'oppositions responsables, candidates naturelles à la succession au gouvernement (cette carence, en somme, eut une raison culturelle autonome et ne fut pas seulement la conséquence d'une logique de guerre froide) ; deuxièmement, pour garantir la correspondance entre partis et segments de société, la règle électorale proportionnelle (en théorie la plus pure) fut considérée comme obligatoire.

En Italie, le principe majoritaire de la loi de 1953 ne fonctionna pas à environ 50.000 voix près. A la différence de la France de 1951 donc, la coalition centriste perdit sa bataille, et cet échec eut deux conséquences principales pour le système politique. Premièrement, les équilibres politiques furent précaires et la crise du centrisme encouragea la recherche de nouvelles formules et de nouveaux accords. De ce point de vue, la différence avec la France est relative dans la mesure où, de l'autre côté des Alpes, la victoire de 1951 n'eut pas pour effet de stabiliser le système. La seconde conséquence, en revanche, plus spécifique au cas italien, impliqua directement le rôle institutionnel des partis. L'échec de la tentative d'instaurer un principe électoral majoritaire eut des effets allant au-delà du moment politique contingent. Pendant quasiment trente ans, toute discussion sur le thème des lois électorales et, plus généralement, en matière d'équilibre institutionnel fut impossible en Italie. De cette défaite, en somme, la proportionnelle pure reçut une consécration définitive comme principe fondamental de la I^{e} République. Les partis, qui de ce principe étaient à la fois la condition nécessaire et le fruit mûr, conquirent définitivement le centre du système politique et institutionnel. Ce renforcement décisif se vérifia cependant au moment où le grand cycle des partis politiques, inauguré dans toute l'Europe à la fin des années 20, avait déjà entamé son déclin. D'où la particularité du « modèle italien ».

Le parallèle avec la France peut à ce point être développé de manière encore plus nette. De l'autre côté des Alpes, le succès du mécanisme électoral mis au point contre le péril d'une dérive « weimarienne » avait assuré une stabilité politique qui se révéla rapidement illusoire, mais posa en même temps les prémices pour une dégradation des institutions. En Italie l'échec de la loi de 1953 produisit en revanche une situation à bien des égards particulière : cela fit sombrer le pays dans une situation d'instabilité politique avec des oscillations à droite et à gauche qui se prolongèrent presque dix ans durant mais, paradoxalement, cela fixa également une « règle » institutionnelle qui devint extrêmement difficile à déraciner. En France, en outre, la victoire électorale de la Troisième Force avait signifié la défaite du PCF et des gaullistes, les deux partis les plus structurés et qui, par-dessus le marché, incarnaient plus que tout autre la légitimité de la résistance. Au lendemain des élections de 1951, il fut donc difficile de remédier au divorce entre la constitution de la IVe République et le développement matériel du système politique français. Tant les partis de masse que la légitimité de la résistance avaient subi une défaite : deux des présupposés sur lesquels la constitution avait été édifiée. En Italie, dans ce domaine, c'est l'inverse qui se produisit : la défaite de la réforme électorale marqua la consécration d'une idée de démocratie, définie par le nouveau cours communiste et qui faisait coïncider son essence même avec l'association aux gouvernements de tous les partis populaires. Un lien indissoluble entre l'époque antifasciste et la constitution s'établissait ainsi. La constitution fut définie et conçue non pas comme un pacte sur les bases communes et partagées du système mais, au-delà même du contenu littéral de la charte, comme l'exemple le plus élevé et le plus noble de méthode démocratique. En conséquence, le système électoral proportionnel (le plus pur) fut considéré comme la condition indispensable à la réalisation de la démocratie, en attendant que les conditions du cadre international permettent au « grand accord » entre toutes les forces de l'« arc constitutionnel » d'œuvrer à nouveau au sein du gouvernement. Selon cette même logique, les formules électorales majoritaires - ou visant à corriger la pureté des principes proportionnels - furent jugées frauduleuses, antidémocratiques et hostiles à l'égard des conquêtes de l'époque de la résistance. C'est ainsi que furent fixées les bases sur lesquelles se fonda, quelques années plus tard, l'exclusion durable de la droite de l'aire de la légitimité politique.

5.

LA DROITE LATENTE ITALIENNE ET LA DROITE FRANÇAISE EMERGENTE

Peu après la naissance de la Ve République en France, la droite italienne se trouva pour longtemps exclue du champ de la légitimité politique. Plus que tout autre facteur, c'est cette coïncidence qui nous aide à mieux saisir jusqu'à quel point les différentes voies institutionnelles, qui ont enfin trouvé en 1958 une reconnaissance sur le plan formel, ont pesé sur l'évolution des traditions et de la culture politique de nos deux pays. En ce qui concerne la France, les rapports entre la constitution de la Ve République et la droite gaulliste feront l'objet des prochains paragraphes de cette introduction. L'analyse préalable du cas italien est utile pour comprendre la relation qui s'est nouée au fil du temps entre la tradition de la droite française et le gaullisme.

En effet, quand le général de Gaulle revint au pouvoir, l'Italie politique était sous l'empreinte d'Amintore Fanfani, l'homme d'Etat démocrate-chrétien qui a succédé à Alcide De Gasperi : concentrant entre ses mains les fonctions de secrétaire politique de la Démocratie chrétienne, de président du Conseil et de ministre des Affaires étrangères, Fanfani essaya d'imprimer sur le cours de la politique italienne la marque de sa personnalité, d'une manière plus forte et plus décidée que ne l'avait fait De Gasperi.

A la lecture des carnets de Fanfani, l'historien comprend que celui-ci n'appréciait ni le charisme ni l'activisme du général de

Gaulle[1]. Pourtant, plusieurs hommes de son entourage, à commencer par le maire de Florence Giorgio La Pira, travaillèrent à la construction d'un axe entre la France gaulliste et l'Italie fanfanienne[2]. Mais, aux yeux de l'homme d'Etat italien, le retour du général sur la scène politique et sa volonté de se battre pour que la France joue un rôle de premier plan dans le monde risquaient de remettre en question l'équilibre précaire dont dépendait la recherche d'une nouvelle position internationale pour l'Italie. Celle-ci aurait dû être fondée à la fois sur la politique du « poids déterminant » dans le domaine européen, sur un activisme inédit au Moyen-Orient, et sur un rapport renouvelé avec les Etats-Unis dans lequel une approche bilatérale aurait tempéré l'atlantisme originel. De Gaulle constituait un obstacle imprévu aux ambitions que Fanfani nourrissait pour son pays et pour lui-même. Il n'en fit pas mystère, car la dissimulation n'était pas un trait de son caractère.

Pourtant, cette antipathie originelle n'empêcha pas l'opposition de gauche de considérer Fanfani comme une sorte de version italienne du général de Gaulle. Ce parallèle reposait sur une série de points communs identifiés dans la stratégie des deux hommes politiques : conservatisme, cléricalisme, fascisme, impérialisme et colonialisme. Dans son édition du 20 mai 1958, le quotidien communiste *L'Unità* se montra tout à fait explicite : « En Italie, nous n'avons pas un général qui dise : je ne suis pas un dictateur, mais je veux être seul au pouvoir ; mais en Italie, il

---

[1] La lecture des notes du Journal de Fanfani montre bien comment les rapports avec la France se modifièrent à la suite du retour de De Gaulle au pouvoir. Pour le président du conseil italien, également ministre des affaires étrangères durant cette période, le retour du général risquait de remettre sérieusement en cause la construction d'un nouvel équilibre politique voulu par l'Italie depuis déjà un certain temps et que la version « fanfanienne » du néoatlantisme cherchait à mettre en place. Ce qui préoccupait Fanfani, c'était surtout la crainte que l'affirmation du leadership fort de De Gaulle à la tête d'un pays que l'on ne pouvait considérer comme tout à fait « ami », risquait de couper l'Italie des nouveaux rapports transatlantiques, l'excluant en même temps de tout discours européen et d'un rapport privilégié avec l'Allemagne d'Adenauer. Sur ces points, cf. en particulier l'Archivio storico del Senato della Repubblica, Fondo Fanfani, *Diari*, 12 febbraio 1958 ; *ivi*, 19, 22 maggio 1958 ; *ivi*, 16, 26, 30 luglio 1958. Sur le repli des positions de l'Italie, voir les notes des 29 septembre 1958, 1er octobre 1958, 15 et 17 octobre 1958.

[2] Sur ce point, je me permets de renvoyer à mon article « Il de Gaulle secondo La Pira », in Pier-Luigi Ballini (éd.), *Giorgio La Pira e la Francia. Temi e percorsi di ricerca. Da Maritain a de Gaulle*, Firenze, Giunti, 2005, pp. 47-76.

y a un secrétaire de la DC qui dit nous ne voulons pas monopoliser le pouvoir, mais je ne veux pas être obligé de négocier, de collaborer avec d'autres forces politiques et sociales qui ne sont pas représentées par la DC. En Italie, nous n'avons pas un général qui dise : je veux tout le pouvoir et me débarrasser des partis ; mais en Italie, il y a la DC et le clergé qui disent : nous voulons cléricaliser toute la nation et nous passer de tous les autres partis »[1]. Pour les communistes italiens, ce parallèle résistait même à des différences anthropologiques pourtant évidentes : « Fanfani [...] se reconnaît en de Gaulle et il le dit, même si le premier est un grand général d'un mètre quatre-vingt-dix, et le second un petit clérical d'un mètre cinquante-huit »[2].

Tels furent les prodromes d'une campagne visant à réactualiser l'antifascisme pour en faire le socle sur lequel fonder de nouveaux équilibres politiques et institutionnels. Palmiro Togliatti, raisonnant pourtant non sans finesse historique sur le parallèle entre la France gaulliste et l'évolution de la situation politique italienne, dénonçait en juillet 1958 le risque d'un retour du fascisme[3]. Dans le parti catholique, les membres de la gauche interne de la DC, les jeunes intellectuels catholiques de la « troisième génération » et les syndicalistes reprirent la balle au bond, en appelant de façon toujours plus fréquente et explicite à l'« esprit », à la lettre et aux fins « essentielles » de la constitution « née de la Résistance »[4]. Cette stratégie ne visait pas à contester ouvertement la ligne représentée par Fanfani, mais plutôt à concurrencer le communisme sur son propre terrain, ce que Fanfani lui-même

---

[1] Luigi Longo, « Il totalitarismo di Fanfani rappresenta per l'Italia quello che la minaccia di de Gaulle è per la Francia », in *L'Unità*, 20 maggio 1958.

[2] « Gollismo e fanfanismo », in *L'Unità*, 21 maggio 1958

[3] Palmiro Togliatti, « Anche il fascismo ha le sue vie nazionali », in *Rinascita*, giugno-luglio 1958.

[4] cf. les interventions de Luigi Granelli, Carlo Donat-Cattin et Giovanni Galloni au Congrès national de Trente de 1956, in *I Congressi nazionali della Democrazia Cristiana,* a cura dell'Ufficio Documentazione Spes della direzione centrale Dc, Roma, Arti Grafiche, 1959. Pour un exemple de ces positions, voir Giovanni Galloni, « Due concezioni della democrazia », in *Politica*, 15 maggio 1960.

pensait faire en prenant d'importantes mesures en matière de redistribution et de croissance[1].

Il en découla un projet qu'Aldo Moro explicita au Congrès de 1959, projet qui visait à contrôler l'élargissement « nécessaire » à gauche du camp démocratique en suivant deux inébranlables principes d'exclusion : d'une part, à l'égard de tout développement éventuel de type modéré et conservateur ; d'autre part, à l'égard du parti communiste[2]. Mais cette stratégie était ambiguë, parce que le rapport entre ces deux exclusions - l'antifascisme et l'anticommunisme - reposait sur une conflictualité latente. En effet, l'antifascisme avait désormais pris dans l'opinion commune - et donc aussi dans celle de la majorité de la Démocratie chrétienne - une double connotation, à la fois historique et idéologique. Et la combinaison de ces deux connotations ne permettait pas de mettre l'antifascisme sur le même plan que l'anticommunisme. En effet, dans cette perspective, le communisme était à la fois l'une des composantes les plus importantes de la résistance contre le fascisme et un élément incontournable d'une démocratie antifasciste en tant qu'expression de la grande avancée des masses vers un nouvel ordre social, libre de toute forme de sujétion économique et de classe. D'autre part, c'est précisément à cause de l'affirmation de ce second antifascisme, l'antifascisme de l'après-guerre, que le communisme et l'idée démocratique se retrouvaient profondément liés dans l'imaginaire européen[3].

La conséquence empirique de cette ligne se manifesta un an plus tard, au moment de la liquidation du gouvernement présidé par le démocrate-chrétien Fernando Tambroni, qui avait recherché un appui explicite à droite de l'échiquier politique pour parer à des circonstances difficiles. Une guerre civile aussi brève qu'intense entre les pouvoirs publics et la rue fit échouer cette tentative, créant une profonde coupure dans l'histoire

---

1 cf. Piero Craveri, *La Repubblica dal 1958 al 1992*, Torino, Utet, 1995.

2 cf. *Atti del VII Congresso Nazionale della Democrazia cristiana*, Dc, Spes, 1961, pp. 39-116

3 cf. François Furet, *Le Passe d'une illusion. Essai sur l'idee communiste au 20e siècle*, Paris, Laffont, 1995.

républicaine[1]. En effet, l'épisode Tambroni ne provoqua pas seulement une inévitable ouverture à gauche. Il peut être interprété comme un processus de clarification des règles, écrites et non écrites, qui ont concouru à déterminer sur une longue période le fonctionnement du système politique et de ses dynamiques de légitimation. La crise de juillet 1960 scella en effet de façon à peu près définitive l'intangibilité d'un archétype politique et institutionnel qui a comme fondement éthique et comme base de valeurs la légitimation « antifasciste ». Cela confirma l'existence d'une « constitution matérielle » supérieure à la constitution formelle, qui coïncida avec le gouvernement de grande coalition réunissant les forces populaires ayant voté la constitution. La consécration de la notion d'« arc constitutionnel » (l'ensemble des partis qui ont approuvé la constitution italienne dans l'après-guerre) rejetait ainsi hors du champ de la politique officielle la frange de l'électorat existentiellement de droite, parce que celui-ci n'avait pas cessé de nourrir une prévention aussi instinctive qu'irréductible à l'égard du communisme. Ces fractions de l'électorat ne disparaîtront pas pour autant, mais elles se limiteront à soutenir des forces marginales, ou alors, en plus grand nombre, elles suivront des parcours « karstiques », tantôt souterrains, tantôt résurgents, en appuyant sans enthousiasme ni conviction réels le parti de majorité relative pour son rôle de rempart de l'Occident, bien davantage que pour son programme politique officiel. En Italie, il faudra attendre les effets de la chute du mur de Berlin sur le système politique, au début des années 1990, pour voir ces franges de l'électorat remonter à la surface, de façon aussi soudaine que surprenante.

On peut donc en conclure qu'en Italie, un changement de constitution matérielle a marginalisé la droite, au moment même

---

[1] Sur l'épisode Tambroni, cf. Luciano Radi, *Tambroni trent'anni dopo. Il luglio 1960 e la nascita del centrosinistra*, Bologna, Il Mulino, 1990 ; Enzo Santarelli, « Il governo Tambroni e il luglio 1960 », in *Italia contemporanea*, 43 (1991) ; Guido Formigoni, « Introduzione » in *Tambroni e la crisi del 1960*, Andrea Guiso (éd.), in *Ricerche di storia politica*, a. IV, 3/2001 ; Pietro Di Loreto, *La difficile transizione. Dalla fine del centrismo al centro-sinistra 1953-1960*, Bologna, Il Mulino, 1993 ; Gianni Baget Bozzo, *Il partito cristiano e l'apertura a sinistra. La Dc di Fanfani e Moro 1954-1962*, Firenze, Vallecchi, 1977 ; Giuseppe Tamburrano, *Storia e cronaca del centro-sinistra*, Milano, Rizzoli, 1990.

où en France une nouvelle constitution formelle assurait jusqu'à nos jours à celle-ci légitimité et pérennité. Mais ce résultat n'avait rien d'évident, pas plus que les rapports entre le gaullisme et la droite française. Pour expliquer ceux-ci, nous allons quitter le terrain de la comparaison et nous concentrer sur le rapport entre le gaullisme et l'histoire politique française.

6.

LE PENDULE DU GAULLISME

Classer le gaullisme à droite est devenu à la fois un réflexe immédiat, un sentiment commun, et l'aboutissement le plus fréquent des études et des recherches. Cela n'a pas toujours été aussi simple. Et en réalité, cela n'est pas aussi évident qu'il y paraît.

Le problème des catégories qui structurent l'espace politique, notamment à propos du concept gauche/droite, est de ceux qui ne peuvent trouver de réponses définitives. Droite et gauche ont toujours été matière à discussion. Les incertitudes quant à leur définition effective et leur utilité empirique n'appartiennent pas seulement à ce début de siècle. On pourrait montrer sans peine qu'elles ont marqué toute l'histoire politique contemporaine et que, chez ceux qui ont mis en doute l'importance des deux termes, le débat sur la frontière qui les sépare n'a jamais pris fin.

La tentative de définir la position du gaullisme au long de son histoire a ces débats pour toile de fond. Le refus du clivage gauche/droite avait joué un rôle important dans la formation intellectuelle du général. En outre, du point de vue des idées, le gaullisme ne peut être classé ni parmi les nationalismes de gauche ni parmi ceux de droite. La fracture que certains situent au niveau du XIXe siècle (pour distinguer une nation « de gauche », traditionnellement révolutionnaire et jacobine, d'une autre « de droite », autoritaire et impérialiste), n'a aucune signification effective pour le gaullisme[1] : dans son optique, l'Ancien Régime et la Révolution se réconcilient dans un syncrétisme national visant à rassembler les Français au-delà des idéologies du présent et des différends du passé, au nom de l'intérêt supérieur de la nation. Enfin, dans son approche de la politique entre les deux guerres, de Gaulle ignora l'opposition entre la gauche et la droite. Sa bataille pour professionnaliser l'armée et la doter de divisions blindées en est l'illustration : il chercha des interlocuteurs sans se préoccuper de leur sensibilité politique. Et dans ses écrits, il est réellement difficile de trouver ne fût-ce qu'une faible trace de préférence pour une forme de gouvernement spécifique : l'avènement du Front populaire passe elle-même inaperçue devant ce qu'il considérait comme les nécessités effectives de la nation.

Cet arrière-plan n'empêcha pourtant pas le gaullisme de prendre, au cours de son histoire, des connotations politiques précises. Au début, quoique le général eût insisté sur le caractère apolitique de son initiative, rares furent ceux qui doutèrent qu'elle se situât à droite. Ce fut la première fois que les circonstances jouèrent un rôle important dans la détermination de sa position et de celle de son mouvement. Dans ce climat particulier, en effet, le refus de la politique ne pouvait avoir une valeur neutre. Il signifia avant tout le rejet de la IIIe République : un régime qui, sur les plans politique, institutionnel et même social, avait toujours trouvé sa légitimation à gauche. Les rangs du gaullisme de Londres se remplirent d'hommes de droite, et même d'extrême droite. Par divers aspects, les idées de ces premiers « Français libres » n'étaient pas incompatibles avec celles des partisans de Pétain et de sa « révolution nationale » : condamnation des hommes du régime précédent (surtout de ceux qui avaient donné naissance au Front populaire), accusés d'avoir provoqué l'affaiblissement de la France ; refus du parlementarisme qui avait produit ces hommes et qui, en dernière analyse, était jugé comme le vrai responsable de la défaite. L'origine de leur opposition à Vichy résidait dans une germanophobie persistante et une conception

---

[1] Pour cette classification, cf. René Rémond, *Les Droites en France,* Paris, Aubier Montaigne, 1982, pp. 163-168.

différente des devoirs de la nation en guerre, mais certainement pas dans l'amour de la démocratie et des idéaux de liberté[1]. De Gaulle le perçut nettement. Pour s'en rendre compte, il suffit de considérer sa prudence, dans les premières années de la France libre, quand il abordait avec ses concitoyens des sujets tels que le libéralisme ou la démocratie. Il était beaucoup plus désinvolte quand ses interlocuteurs étaient étrangers[2].

Les circonstances mêmes du conflit mondial entraînèrent le premier repositionnement politique du gaullisme. Le tournant de 1941 (l'attaque de l'Union soviétique par l'Allemagne, puis l'entrée en guerre des Etats-Unis) eut des conséquences décisives. D'un point de vue global, la nouvelle position de l'Union soviétique donna au conflit une signification avant tout idéologique, en reléguant au second plan sa signification nationale. Dans la perception diffuse des populations, et dans l'effort de propagande des nations, la guerre se transforma progressivement en une lutte contre l'oppression fasciste et nazie. De Gaulle n'accepta jamais cette lecture : il demeura convaincu que les causes décisives de la guerre étaient de nature nationale. Il ne put cependant éviter de tenir compte des conséquences politiques de l'entrée en guerre des Etats Unis et du changement d'alliance de l'URSS. Certains effets particuliers résultant de la nouvelle disposition des forces eurent donc un profond impact sur le positionnement du gaullisme. En premier lieu, on doit considérer que le tournant de 1941 rapprocha le moment d'un possible retour sur le sol national. Cela eut pour conséquence d'accroitre, pour le général, le besoin d'être cautionné par des hommes longtemps discrédités en France, mais considérés comme des démocrates sûrs par les Alliés, et en particulier par les Américains. En même temps, cette

---

[1] cf. en ce sens Jean-Louis Crémieux-Brilhac, *La France Libre. De l'appel du 18 juin à la liberation,* Paris, Gallimard, 1996, en particulier p. 195. Voir aussi François-Marin Fleutot, *Des royalistes dans la Resistance,* Paris, Flammarion, 2000, pp. 109-126.

[2] cf. notamment - et seulement comme exemples notables d'un phénomène qui, dans la réalité, se répéta -, Charles de Gaulle, « Discours adressé à l'Amérique latine », prononcé à Londres le 15 août 1940, in Id., *Lettres Notes et Carnets. Juin 1940-Juillet 1941,* Paris, Plon, 1981 (désormais *LNC 1940-1941*), pp. 83-84 ; Id., « Discours prononcé à Damas, à l'université syrienne », 29 juillet 1941, in Id., *Discours et Messages. Pendant la guerre : juin 1940-janvier 1946,* Paris, Plon, 1970 (désormais *DM 1940-1946*), pp. 101-103.

perspective favorisa l'adhésion au gaullisme de nombreux dirigeants de la vieille classe politique républicaine, longtemps restés dans l'attentisme. En second lieu, l'entrée des communistes dans la Résistance contraignit de Gaulle à affronter leur concurrence politique, notamment au sein des mouvements qui opéraient sur le territoire métropolitain. La compétition s'amplifia aussi dans la confrontation des programmes pour l'après-guerre. Ce fut cette circonstance décisive qui permit l'affirmation des contenus sociaux du gaullisme. Le rejet du libéralisme économique et son corollaire, les idées de nature socialiste et réformiste, et catholique sociale, reçurent alors une consécration définitive.

Par ce biais, le gaullisme glissa graduellement vers la gauche. Pour situer le moment exact du premier tournant politique, on doit toutefois se reporter à deux événements parallèles : l'intégration manquée de Charles Vallin dans les organes de la France Libre en septembre 1942 et celle réussie de Fernand Grenier en janvier 1943. Vallin était député et vice-président du Parti social français (PSF) fondé par le colonel de la Rocque en 1936 (lorsque le gouvernement décréta la dissolution des ligues). Cette origine eut une importance décisive pour faire du PSF un vecteur à même d'apporter, au sein du système, un patrimoine d'idées nationalistes et une conception des institutions longtemps inconciliable avec la culture et les pratiques de la IIIe République. Beaucoup de contenus typiques des ligues se retrouvèrent ainsi dans un parti formellement présent dans les institutions[1]. Dans la hiérarchie du PSF, Vallin arrivait juste après de la Rocque. En 1940, il s'était rallié à Pétain. La rupture avait eu lieu plus tard, du fait de la dérive pro-allemande du régime de Vichy, surtout à partir de 1942. Si l'on se rapporte à la correspondance que Vallin entretint de Londres avec des dirigeants de son parti demeurés en France, sa décision d'adhérer au gaullisme reflétait un

---

[1] Sur le rôle de la ligue dans l'histoire politique française, cf. Serge Berstein, « La ligue », in Jean-François Sirinelli (éd.), *Histoire des droites en France,* II, *Cultures,* Paris, Gallimard, 1992, pp. 61-111. Sur le PSF et ses rapports avec les ligues, cf. René Rémond, *Les Droites en France,* cit., pp. 213-216.

sentiment qui avait mûri dans de larges secteurs du PSF[1]. L'opération fut peaufinée en septembre 1942, attentivement orchestrée par Pierre Brossolette. Les témoignages ne concordent pas sur le rôle que joua à cette occasion de Gaulle, mais on peut néanmoins présumer qu'il était informé et que, dans un premier temps, il avait approuvé le projet[2]. En revanche, il n'y a pas de doutes sur la signification politique que Brossolette attribua à son initiative. L'arrivée de Vallin à Londres fut en effet prévue par lui à la même période que celle d'André Philip, dirigeant socialiste, et antifasciste convaincu. La simultanéité devait consacrer le gaullisme comme nouvelle Union sacrée : un moment de régénération nationale susceptible de refonder la politique de l'après-guerre sur de nouvelles bases, en annulant les vieilles divisions et en soldant les comptes avec les partis du passé. Brossolette exprima ce dessein dans un article paru le 27 septembre 1942 dans *La Marseillaise* (dix jours seulement après l'arrivée de Vallin dans la capitale anglaise[3]). Mais cette tentative fut vite endiguée. Devant les protestations scandalisées visant à stigmatiser le passé politique de Vallin, l'idée de lui confier un rôle dirigeant s'évanouit. Dans une lettre à de Gaulle, Vallin lui-même mit fin aux polémiques. Il demanda à apporter sa contribution à la cause en s'enrôlant dans les troupes de la France combattante, et le général fut soulagé d'accepter cet épilogue de l'affaire[4].

Fernand Grenier était un haut responsable du Parti communiste (PCF) clandestin. Son premier contact avec le colonel Rémy, un des principaux dirigeants des services secrets gaullistes, remontait à novembre 1942. Au début les deux hommes se bornèrent à prendre en considération les aspects militaires de la Résistance intérieure. Mais bientôt Grenier persuada Rémy - issu de la droite nationaliste, et politiquement beaucoup plus ingénu que Brossolette - qu'avec l'implication

---

[1] cf. le message de Charles Vallin, envoyé de Londres à Edmond Barrachin, reproduit in Guillaume Piketty, *Pierre Brossolette*, op. cit., pp. 207-208.

[2] *Ibid.*, pp. 194-195.

[3] À propos de cet article, cf. *Ibid.*, pp. 211-213. Voir également Guy Perrier, *Pierre Brossolette. Le visionnaire de la Resistance,* Paris, Hachette, 1997, pp. 102-103.

[4] cf. en ce sens « Notes sans indication d'utilisation », in *Lettres Notes et Carnets. Juillet 1941-Mai 1943,* Paris, Plon, 1982 (désormais *LNC 1941-1943*), p. 405.

entière des communistes dans la Résistance, il serait possible de faire naître un grand mouvement de réconciliation nationale. Cette conviction poussa Rémy à accepter la demande du PCF d'envoyer un délégué permanent à Londres[1]. Lorsque, dans la nuit du 6 au 7 janvier 1943, Grenier débarqua en Angleterre, les gaullistes et le général lui-même furent par conséquent pris de surprise[2]. Le responsable communiste arriva à Londres le 11 janvier, et il annonça son adhésion et celle de son parti à la France combattante. De Gaulle rencontra Grenier le soir même de son arrivée. Il l'accueillit sans la moindre réserve[3]. Un mois plus tard, lors d'une réunion du Comité national, on prit même en considération l'hypothèse, avancée par les Russes, d'insérer également dans l'organisation André Marty, dirigeant du PCF plus important que Grenier[4]. Un an et demi seulement s'était écoulé depuis que de Gaulle avait écarté toute hypothèse de collaboration avec les communistes en expliquant que les rapports diplomatiques avec l'URSS ne devaient pas se refléter sur la politique intérieure[5]. Mais depuis lors, les choses avaient changé. L'Armée rouge avait triomphé à Stalingrad, modifiant ainsi l'image et le prestige du communisme dans le monde. En outre, de Gaulle avait besoin des communistes français dans son conflit avec Giraud en Algérie.

Le parallélisme entre l'arrivée à Londres de Vallin et celle de Grenier permet de tirer quelques conclusions. Brossolette et Rémy, dans leur action destinée à faire venir en Angleterre un dirigeant du PSF et un dirigeant du PCF, avaient été animés par des motivations au fond très semblables. Au-delà de leur degré différent de conscience politique, tous deux voulaient affirmer autour du gaullisme un élan d'union et de renouveau national.

---

[1] cf. colonel Rémy, *Les Soldats du silence. Memoires d'un agent secret de la France libre*, II, *(19 juin 1942 - fin novembre 1943)*, Paris, France-Empire, 1998, pp. 235-249.

[2] Sur l'arrivée à Londres, et plus généralement sur la mission londonienne, cf. Fernand Grenier, *C'etait ainsi… (Souvenirs)*, Paris, éd. Sociales, 1959, pp. 112-161.

[3] cf. Guillaume Piketty, *Pierre Brossolette*, op.cit., pp. 247-248 ; voir aussi Paris, Archives nationales (désormais AN), Papiers André Philip, b. 72, AJ/567, *Procès-verbaux du Comite National Français*, 12 janvier 1943, p. 5.

[4] *Ibid.*, 12 février 1943, p. 2.

[5] *Ibid.*, « Télégramme de M. Parr Brazzaville au Foreign Office », 11.7.41 N. 265 et, Archives du ministère des Affaires étrangères (désormais AMAE), Guerre 1939-1945, Londres, b. 220.

Mais les issues de leurs opérations furent opposées. Et, nous l'avons vu, ces épilogues dissemblables furent influencés par l'attitude de De Gaulle. Tout cela eut des conséquences politiques immédiates, mais aussi à long terme. Tandis que la droite ne parvenait pas à échapper à l'identification avec le régime de Vichy, les communistes obtenaient du général lui-même un début de légitimation nationale. Les bases d'un déplacement durable du centre de gravité politique du gaullisme à gauche étaient ainsi jetées. En outre, l'échec de l'opération Vallin affaiblit définitivement le projet de faire du gaullisme l'instrument d'une refonte d'ensemble de la politique française. Dès lors, le gaullisme de guerre allait se présenter de plus en plus comme une union de forces en vue d'un objectif commun, avec un programme de réforme sociale avancé, sans ennemis explicites à gauche et avec un refus évident de s'ouvrir à droite.

On le comprend pleinement à travers les réflexions d'un dirigeant socialiste de premier plan, Félix Gouin, opposant parmi les plus irréductibles aux projets de régénération politique de Brossolette, et pour qui le gaullisme ne devait être qu'une coalition de partis imposée par les circonstances historiques. L'analyse de sa correspondance montre que dès les premiers mois de 1943, il établit un lien entre le glissement du gaullisme à gauche et l'enracinement progressif, en son sein, des partis. Dans une lettre de mars 1943, après avoir décrit de Gaulle comme le chef d'un cartel de forces de gauche, il se demandait notamment quelle était la raison profonde de cette nouvelle orientation qui portait le gaullisme à se diriger toujours plus à gauche[1]. Pour lui, le motif résidait dans le fait que le général avait pris acte de l'état de l'opinion publique en France. Il imaginait donc l'étape suivante, nécessaire pour que l'orientation à gauche du gaullisme puisse l'emporter définitivement : « La reconnaissance franche et formelle des partis politiques, éléments essentiels de la résistance »[2]. Les lettres de Gouin au cours des mois suivants montrent que la

---

[1] *Ibid.*, « Lettre de Félix Gouin à Hussel », p. 1 (pp. 1-7).

[2] *Ibid.*, p. 2.

situation évolua sans tarder dans la direction qu'il indiquait[1]. En ce sens, La création d'un Conseil national de la Résistance (CNR) en mai 1943, surtout à l'initiative de Jean Moulin, marqua une étape fondamentale. Cet organisme prévoyait la représentation des partis à côté de celle des mouvements de Résistance. Il sanctionna une nouvelle victoire de la continuité sur les projets de refondation. En outre, la composition du CNR souligna encore plus le tournant à gauche. Même en s'efforçant de tenir compte aussi des vieilles forces modérées, les équilibres avantagèrent clairement les composantes de gauche, et particulièrement les communistes[2].

Le gaullisme d'Alger suivit la même direction[3]. Très synthétiquement, on peut signaler au moins trois facteurs qui consolidèrent alors le positionnement à gauche du gaullisme. En premier lieu, la naissance de l'assemblée consultative provisoire, instituée le 17 septembre 1943 par une ordonnance du Comité français de Libération nationale (CFLN). Sa réunion inaugurale eut lieu le 3 novembre suivant. Il nous en reste cette description sous la plume de Louis Joxe : « Un coup d'œil jeté sur l'hémicycle de l'assemblée consultative et mon regard rencontrait des communistes sortis de prison, [...] des "craignant-Dieu", des socialistes, et non des moindres, des radicaux bon teint, des modérés bien entendu, des femmes enfin, comme la représentante qualifiée des Français libres du Canada. Certains d'entre eux me faisaient penser à la belle scène de Fidelio où Beethoven accompagne les détenus au sortir de leur prison ; ils ont perdu l'habitude de la lumière et avancent à tâtons »[4]. Le tableau manque certes d'originalité, mais il souligne à la fois la prépondérance des forces de gauche et le lien entre cette prépondérance et la reconquête d'une légitimation pour la culture politique traditionnelle. Les dossiers

---

[1] *Ibid.*, notamment « Rapport de F. Gouin à D. Mayer », 11 août 1943, pp. 1-4, et « 3ème rapport de F. Gouin à D. Mayer », 3 septembre 1943, pp. 1-3.

[2] cf. Daniel Cordier, *Jean Moulin et le Conseil national de la Resistance,* Paris, éd. du CNRS, 1983, et Stéphane Courtois, « Il PCF e la lotta per il potere durante la resistanza e alla liberazione », in Elena Aga-Rossi, Gaetano Quagliariello (éd.), *L'altra faccia della luna*, op. cit., pp. 127-155.

[3] cf. Louis Joxe, *Victoires sur la nuit 1940-1946. Memoires,* Paris, Flammarion, 1981, en particulier p. 173.

[4] *Ibid.*, p. 175.

d'archive font ressortir une image moins idyllique que celle de Joxe. La composition de l'assemblée consultative provisoire fut en effet caractérisée par des conflits et des problèmes de « dosage » qui contrastent fortement avec l'atmosphère héroïque accompagnant d'ordinaire l'image du gaullisme de guerre. Pour l'essentiel, ces documents confirment toutefois la description de Joxe : la naissance de l'assemblée renforça les caractéristiques de gauche du gaullisme, tant dans les domaines politique et culturel que dans ses équilibres internes[1].

On ressent la même impression en considérant l'évolution de l'exécutif. Les procès-verbaux du Comité national réuni à Londres après le débarquement en Afrique du Nord montrent qu'à partir de ce moment-là, une collégialité jusqu'alors inconnue s'instaura dans les discussions et les décisions. En particulier, dès la réunion du 29 décembre 1942, rares furent les séances où de Gaulle ne fit pas un rapport sur la situation en Afrique du Nord et sur l'état des négociations avec Giraud[2]. Après quoi, un débat avait régulièrement lieu, suivi d'une prise de décision collective. Quand le gouvernement se transféra à Alger, la tendance à la collégialité se renforça, surtout après la disparition du « pouvoir bicéphale ». En outre, les modifications que de Gaulle apporta à plusieurs reprises à la composition de l'exécutif eurent pour but d'inclure dans le gouvernement les représentants des principales familles politiques. Au long de cette dérive, le 4 avril 1944, deux communistes, Billoux et Grenier, furent admis à participer au CFLN. A posteriori, le général tenta en diverses occasions de replacer cette décision dans le cadre d'une guerre de position, où les communistes comme lui-même auraient été conscients du caractère forcément provisoire de leur accord[3]. Il n'en reste pas moins que, dans une perspective à plus court terme, la présence de Billoux et Grenier sanctionna l'impossibilité pour la Résistance de faire abstraction

---

[1] cf. Paris, AMAE, série GU 1940-1945, Alger, bb. 637-638.

[2] Les procès-verbaux des réunions du Comité national qui eurent lieu à Londres après le débarquement allié en Afrique du Nord se trouvent in Paris, AN, Papiers André Philip, b. 72, AJ/567.

[3] cf. en ce sens Claude Guy, *En ecoutant de Gaulle*, op. cit., en particulier p. 51. Voir aussi Alain Peyrefitte, *C'etait de Gaulle*, I, *La France redevient la France*, Paris, Fallois/Fayard, 1994, pp. 140-145.

des communistes. L'idée fut clairement exprimée par les mots avec lesquels, selon Joxe, de Gaulle justifia son choix de les inclure dans le gouvernement : « Ils se battent et meurent comme les autres, et pour les mêmes raisons que les autres »[1]. Mais, si au fond de lui-même il émettait des réserves, le général donna le sentiment extérieur de vouloir réintroduire le PCF dans la communauté nationale, en jetant un voile de silence sur la période comprise entre 1939 et 1941. Quelques années plus tard, Raymond Aron ne manifesta aucun doute sur la raison dernière qui avait présidé à cette tentative : « Ce fut l'illusion du général de Gaulle de croire qu'on pouvait réintégrer les communistes dans la Communauté Française »[2].

Il convient enfin de considérer le troisième facteur qui favorisa à cette époque le glissement du gaullisme à gauche. Un climat à divers égards propice permit l'éclosion du *gaullisme de gauche*. Ce courant trouva des formes d'organisation stables, qui caractériseraient toute l'histoire du mouvement né autour de la figure de De Gaulle[3]. Selon Philippe Dechartre (un « ancien » de la France libre, en mission à Alger auprès du gouvernement provisoire, et qui deviendra un dirigeant de premier plan des groupes gaullistes de gauche), l'expression « gaulliste de gauche » fut forgée à Alger par le général lui-même[4]. De Gaulle vit alors en Vallon la référence d'une inclination vers la gauche qui s'était développée dans le cercle de ses fidèles les plus proches.

Partant de ce qui a été affirmé jusqu'ici, on peut par conséquent conclure que, dès la période algérienne, et de manière plus décisive après juin 1944, de Gaulle fut à la tête d'un gouvernement d'unité nationale clairement orienté à gauche. Raymond Aron a même affirmé que le programme de cette coalition, fondé sur le binôme révolution/réforme de

---

[1] cf. Louis Joxe, *Victoires sur la nuit 1940-1946,* op. cit., p. 188.

[2] Paris, Archives de la Fondation Charles de Gaulle, Boîte S/G Gaullisme, Raymond Aron, « Du gaullisme au RPF », cours donné au Collège libre des sciences sociales et économiques, dans le cadre d'un cycle sur *Les consequences sociales de la guerre* (s.d., mais 1947), texte dactylographié, p. 7 (pp. 1-19).

[3] Sur ce point, je me permets de renvoyer à mon ouvrage *La Religion gaulliste*, Paris, Perrin, 2007.

[4] cf. Paris, AN, Archives d'histoire orale, Philippe Dechartre, 1 AV 244.

structure, rappelait beaucoup celui du Front populaire[1]. Les problèmes entre de Gaulle et ses alliés se posèrent, au moins explicitement, au moment où la guerre toucha à sa fin, et où la perspective d'une reprise de la dialectique politique normale prévalut définitivement sur l'urgence. Parmi ses alliés les plus proches - notamment les socialistes -, on commença alors à douter de l'intention du général de poursuivre une politique de gauche[2]. Tandis que pour de Gaulle, il devint de plus en plus clair que le projet de réformer le pays, même dans ses institutions, comporterait nécessairement la destruction d'un sentiment constitutionnel commun que la IIIe République avait enraciné à gauche, et que la Résistance avait renforcé. C'est là le sens le plus profond de sa décision de quitter la tête du gouvernement provisoire en janvier 1946. Cette décision marqua un divorce entre de Gaulle et les forces de gauche traditionnelles, ainsi qu'une prise de distance du général par rapport à une conception de l'équilibre des pouvoirs ne s'éloignant pas de celle de la IIIe République. Il comprit alors que, pour que l'expérience de la IIIe République soit incluse dans une conception institutionnelle plus large, une défaite de la gauche était nécessaire. Aussi vit-il dans l'échec du PCF et de la SFIO au premier référendum institutionnel (celui du 5 mai 1946, sur le projet de constitution approuvé par la majorité socialiste et communiste) un tournant fondamental pour toute l'histoire européenne. Selon lui, pour la première fois depuis la fin de la guerre, le mythe de l'infaillibilité de la gauche (en particulier des communistes) avait été démenti[3]. Il n'en estima pas pour autant que la solution pouvait être trouvée à droite. Quelques jours après avoir pris acte des résultats du référendum, il formula une analyse qu'il divulguerait par la suite. Il soutint qu'en France, le poids électoral des familles politiques n'avait pas varié au fil du temps : thèse confirmée par des spécialistes

---

[1] cf. Raymond Aron, « Du gaullisme au RPF », op. cit., p. 4.

[2] cf. en ce sens, Paris, Archives de l'Office universitaire de recherche socialiste, procès-verbal du Comité directeur de la SFIO, 6 février 1945, pour le caractère symptomatique du supposé glissement à droite de De Gaulle.

[3] cf. Claude Guy, *En ecoutant de Gaulle*, op. cit., pp. 66-68.

comme Siegfried et Goguel[1]. De Gaulle dessina le panorama politique de la France : à gauche, une masse permanente de révolutionnaires, dont des « idéologues » et des utopistes ; près d'eux, des conservateurs camouflés en progressistes ; à droite, la plupart des catholiques, les traditionalistes, les propriétaires et les grands commerçants ; entre ces deux pôles, un certain nombre d'électeurs prêts à soutenir la majorité du moment, que le général définit comme une « masse d'équilibre et de rupture »[2]. Face à ce tableau, il réaffirma qu'une réforme radicale des structures et des mœurs politiques ne pourrait se réaliser en prenant appui sur les partis. Il fallait des instruments différents, aptes à déstabiliser les positions les plus enracinées et à bouleverser les catégories les plus ordinaires de la politique.

L'idée de créer le RPF naquit de cette conviction : le Rassemblement devait être complètement différent des partis traditionnels. Il n'en alla pas ainsi. L'instrument imaginé pour lutter contre la politique des partis atteignit son but dans la mesure où il déstabilisa définitivement le système fondé sur le tripartisme, mais paradoxalement il finit par se présenter lui-même comme une des dernières incarnations du parti de masse, qu'il contribua pourtant à défaire. Nul doute par ailleurs que de Gaulle voulut faire du Rassemblement un outil circonstanciel en mesure de surmonter le clivage gauche/droite. Et il est également certain qu'il parvint à instiller dans l'action concrète du mouvement une part de son projet originaire. L'attention constamment portée aux questions sociales et la volonté explicite de concurrencer les communistes (au point d'entrer en compétition avec eux à propos des fêtes et des mythes, comme celui du 1er mai) ne sont que les traductions empiriques les plus éclatantes du projet initial[3]. Analysant les racines culturelles du RPF, André Siegfried nota que celui-ci se rattachait à une tradition jacobine marquée par une volonté prééminente d'affirmation nationale, privilégiant l'unité et l'unanimité plutôt

---

[1] cf. André Siegfried, *Tableau des partis en France,* Paris, Grasset, 1930, pp. 51-52 et François Goguel, *La Politique des partis sous la IIIe Republique,* Paris, Seuil, 1946, pp. 17-29.

[2] Claude Guy, *En ecoutant de Gaulle,* op. cit., p. 67.

[3] Sur la volonté explicite de De Gaulle de disputer aux communistes le monopole du 1er mai, cf. Georges Pompidou, *Pour retablir une verite,* Paris, Flammarion, 1982, p. 83.

que la division et le conflit, intolérante à l'égard des formalismes du parlementarisme, et pour toutes ces raisons impossible à placer sur le *continuum* gauche/droite[1]. Sur le plan historique, Jean Charlot fit référence à « l'insoluble problème du classement du gaullisme sur l'axe gauche-droite »[2]. Ces affirmations trouvent un écho dans l'analyse des votes obtenus par le RPF. Les études sur les élections municipales d'octobre 1947 comme celles sur les élections législatives de 1951[3] montrent que le RPF ne reçut pas seulement les suffrages d'électeurs de droite, ni de régions traditionnellement conservatrices.

Mais du point de vue du sens commun, on doit relever que l'expérience du RPF fut déterminante pour fixer la place du gaullisme à droite. Dans ce domaine, les circonstances politiques l'emportèrent, tant sur la volonté explicite du général que sur les analyses de sociologie électorale les plus sophistiquées. Les raisons en sont multiples. Les plus importantes furent identifiées par de Gaulle lui-même avant même la naissance du RPF. Le 10 avril 1946, commentant le tableau qui ressortait des premières élections libres de l'après-guerre (en octobre 1945), il nota qu'un vide s'était créé à droite, et que pour cette raison également la bataille pour la conquête du vote anticommuniste restait ouverte[4]. Il ajouta que face à une direction formée essentiellement de « catholiques populaires », la majeure partie de l'électorat du MRP était composée de modérés et de catholiques nationalistes : au cours de la IIIe République, ces mêmes composantes avaient soutenu Barrès et Millerand quand ceux-ci étaient entrés en conflit avec la gauche. Cela offrirait de grandes possibilités à la force politique qui tenterait de représenter plus fidèlement la tradition catholique, à

[1] cf. André Siegfried, *De la IIIe à la IVe Republique,* Paris, Grasset, 1956, pp. 195-211.

[2] Jean Charlot, *Le Gaullisme d'opposition 1946-1958. Histoire politique du gaullisme,* Paris, Fayard, 1983, p. 239.

[3] cf. Raoul Husson, « Les élections municipales du 19 octobre 1947 et le collège électoral du RPF », in *La France interieure,* août-septembre 1948, pp. 3-11. Sur les élections de 1951, cf. François Goguel, *Chroniques electorales. La Quatrième Republique,* Paris, PFNSP, 1981, pp. 93-117, notamment p. 104.

[4] cf. Claude Guy, *En ecoutant de Gaulle,* op. cit., pp. 53.

laquelle des hommes comme Bidault et Gay ne savaient pas donner la parole.

L'histoire du RPF fut inévitablement liée à ces circonstances. Pour occuper l'espace politique disponible, il se présenta comme le champion de l'anticommunisme. Cette place attira dans ses rangs un personnel provenant en grande partie de la droite, en particulier du PSF[1]. L'entrée du mouvement au Parlement renforça encore son image de formation droitière. Dès la naissance de l'Intergroupe, il apparut clairement que le RPF avait presque exclusivement créé une brèche à cet endroit de l'échiquier politique. Et quand, après les élections législatives de 1951, se constitua un groupe parlementaire du RPF, il fut évident que, même si il y avait aussi des dirigeants provenant des familles politiques les plus marginales de la gauche, les tendances les plus représentées étaient de droite. De là provenaient aussi les hommes les plus importants entrés au Parlement en tant que gaullistes. Il suffit à ce propos de citer les noms de Gaston Palewsky et de Léon Noël.

Enfin, les adversaires politiques du RPF contribuèrent de façon non négligeable à le pousser vers la droite. Les partis de la Troisième force, en effet (surtout au lendemain de la naissance du Rassemblement), utilisèrent le « syndrome de Weimar » pour retrouver un espace au centre. Pour ce faire, ils durent accréditer l'image du conflit entre communisme et gaullisme comme un choc entre des « extrémismes opposés ». Or, puisque le communisme se plaçait, sans doute aucun, à gauche, par déduction logique le gaullisme était à droite. Cette symétrie ne se fêla qu'en 1951, lorsque les forces du système visèrent ouvertement à récupérer des députés gaullistes pour tenter d'éviter le naufrage de la nouvelle législature. Les vicissitudes qui accompagnèrent cette manœuvre (qui entraîna des scissions à répétition au sein du groupe RPF) déterminèrent une distinction nette entre l'image du général et celle des députés gaullistes. La différenciation se refléta aussi sur l'appréciation extérieure des différentes positions politiques. Les parlementaires gaullistes devinrent une force compatible avec le

---

[1] cf. Jean-Paul Thomas, « Le Parti social français », in *La Genèse du RPF*, ouvrage collectif, Fondation Charles de Gaulle, Paris, 1997, pp. 39-77.

système, qui contribua légitimement à déplacer le centre de gravité des équilibres parlementaires vers la droite.

En revanche, après avoir pris ses distances vis-à-vis de ses députés, le général revint se placer au-dessus des partis. Pour assurer cette position, il fut notablement aidé par la bataille contre la Communauté européenne de défense (CED). Celle-ci eut un effet politique à long terme, et deux effets à court terme. Dans les conditions nouvelles d'une guerre froide qui commençait alors à diminuer d'intensité, cette bataille fut une revanche de la légitimité nationale et de la légitimité issue de la Résistance contre la tentative de les atténuer progressivement, jusqu'à en faire abstraction. La coalition formée pour faire obstacle à la CED utilisa en effet, sur le plan de la rhétorique, la question du caractère principalement national de la lutte de libération menée par la France, qui avait su éviter de dangereuses interférences dans sa souveraineté. Cette dynamique de fond produisit deux effets immédiats : d'une part, elle réactiva le lien entre de Gaulle et l'intérêt supérieur de la nation, que l'intermède du RPF avait estompé ; d'autre part, elle permit un rapprochement entre le général et le PCF (tous deux engagés, quoique sur des bases différentes, contre un ennemi commun), en aidant de Gaulle à se défaire de l'hypothèque de la droite[1].

Pour toutes ces raisons, on peut affirmer que le général trouva à gauche son issue de secours, laquelle, de l'époque du RPF, le projeta directement vers la « traversée du désert ». C'est ce que comprit François Mauriac. Bien qu'intimement persuadé que de Gaulle fût un homme de droite[2], le 14 avril 1954 il commenta ainsi la mise en sommeil du Rassemblement (qui deviendra officielle quelques mois plus tard) : « Le RPF n'a pas entrainé dans sa chute le général de Gaulle [...] C'est un fait que, sans d'ailleurs oublier de se méfier, les hommes qui, à gauche, ne sont pas communistes, recommencent à tourner les yeux vers lui, dont le regard (et c'est là le drame) passe par-

---

[1] cf. René Rémond, « Préface » in Stéphane Courtois, Marc Lazar (éd.), *50 ans d'une passion française. De Gaulle et les communistes,* Paris, Balland, 1991, p. 16.

[2] cf. François Mauriac, *Bloc-notes,* I. 1952-1957, Paris, Flammarion, 1958, p. 71.

dessus toutes les têtes … »[1]. Le silence du général, impénétrable à partir de la fin de l'année 1954, permit à son image politique d'échapper aux classifications et aux schémas traditionnels. Quand l'éventualité de son retour au pouvoir se représenta, la gauche se montra à nouveau hostile. Mais son opposition se révéla longtemps faible et incertaine. On en trouve une confirmation nette dans une interview que Maurice Thorez, alors secrétaire général du PCF, accorda au quotidien *Paris-Presse*, à la veille de l'insurrection d'Alger. La raison principale de son hostilité envers de Gaulle semblait résider dans le caractère imprévisible de ses décisions[2]. Toutefois, le charme allait être bientôt rompu. Lorsque, le 15 mai 1958, le général retrouva la parole, se disant prêt à « assumer les pouvoirs de la République », du côté de la gauche (et particulièrement des communistes) on agita de nouveau le spectre du régime dictatorial et militaire de droite ; gaullisme et fascisme furent encore une fois mis sur le même plan ; on remit en avant l'opposition entre de Gaulle et la République[3].

---

[1] *Ibid.*, p. 75.

[2] Pour le texte de l'interview de Maurice Thorez, cf. Augusto Pancaldi, « Thorez illustra i gravi pericoli d'un eventuale ritorno di de Gaulle », in *L'Unità,* 10 mai 1958.

[3] cf., en particulier, Palmiro Togliatti, « Le "vie nazionali" del fascismo » et Jacques Duclos, « Il Partito comunista francese contro la dittatura e il fascismo », dans le numéro spécial de *Rinascita,* « La Francia nella tormenta », pp. 356-362. Ces thèmes, toutefois, furent souvent abordés sans cohérence. Marc Lazar a montré que l'analyse communiste du gaullisme fut longtemps fluctuante, cf. Marc Lazar, *Maisons rouges. Les partis communistes français et italien de la Liberation à nos jours,* Paris, Aubier, 1992, et Id., « Le Parti communiste français, de Gaulle et la modernisation de la France », in Stéphane Courtois, Marc Lazar (éd.), *50 ans d'une passion française*, op. cit., pp. 277-293.

7.

LA DEFAITE DU RASSEMBLEMENT

En abordant maintenant une vision d'ensemble de la transition de la IVe à la Ve République, le problème de la position politique du général et du gaullisme se complique. On peut souscrire à l'assertion d'Olivier Duhamel selon laquelle la Ve République est née à droite[1] si l'on se rapporte à la conception des institutions imposée par la constitution. Le texte de 1958, accordant en effet au pouvoir exécutif une suprématie par rapport au pouvoir législatif, annula le principe de légitimité fondamentale sur lequel s'étaient fondées la IIIe et la IVe République : une légitimité qui, historiquement, avait été conquise et défendue par les forces de gauche. Toutefois, l'analyse mérite d'être approfondie en ce qui concerne les questions internationales, les décisions de politique intérieure, les politiques sociales, le rôle des différents partis et mouvements. Il convient en tout premier lieu de remarquer qu'après son retour au pouvoir, la position de De Gaulle et celle du mouvement gaulliste allaient bientôt se distinguer. Le général prit de plus en plus franchement ses distances à l'égard des opinions des ultras de l'Algérie française, communément estimées comme étant de droite, même si elles traversèrent l'ensemble des partis, et étaient fortement majoritaires chez les gaullistes. Aujourd'hui, si l'on peut encore légitimement douter du fait que, lors de son retour au pouvoir, de Gaulle avait déjà à l'esprit l'objectif final auquel « les sentiers de la paix » le

---

[1] cf. Olivier Duhamel, *La Gauche et la Ve Republique*, Paris, PUF, 1980, p. 7.

menèrent en 1962[1], il ne semble en revanche plus possible de soutenir qu'il était alors persuadé - à l'instar de la presque totalité des gaullistes - de la nécessité de préserver l'Algérie française. Or, pour gagner le temps nécessaire à décourager l'ardeur de ceux qui misaient sur un tel projet, il lui fut indispensable de rééquilibrer une situation penchant nettement à droite. D'où ses distances à l'égard de l'Union pour la nouvelle République (UNR) et son intérêt pour la SFIO et son secrétaire général, Guy Mollet[2]. Cette ligne permit de faire mûrir l'idée de la possibilité d'accorder l'indépendance à l'Algérie. Mais elle répondait aussi à une exigence moins immédiate : libérer la politique du nouveau régime de l'hypothèque de la droite, affirmer l'intérêt national au-dessus de la division des partis. À long terme, cette stratégie échoua. Aux législatives de 1958, et encore plus à celles de 1962, l'électorat refusa d'accréditer une séparation entre le président et le parti gaulliste. Et Mollet ne reçut aucun avantage politique des attentions que lui réservait le général, ni personnellement ni pour son parti. Ainsi, lorsqu'en 1962 le problème algérien fut résolu, le divorce entre de Gaulle et la fraction de la gauche qui avait favorisé son retour au pouvoir fut définitif.

Les effets du rééquilibrage à gauche voulu par le général disparurent par conséquent avec l'affirmation d'une logique présidentielle et majoritaire. La personnalité de De Gaulle fut un facteur déterminant pour imprimer aux institutions de la Ve République une « inclination » dans un sens présidentiel. La question algérienne le porta à renoncer à sa position d'arbitre, pour se présenter comme le vrai chef de l'exécutif. En outre, cela porta également à la consolidation de l'UNR qui, par le biais d'une conversion à l'idée d'indépendance algérienne et le départ consécutif de ceux qui ne voulurent pas s'y conformer (en premier lieu Soustelle) se transforma en parti du président, avec pour tâche d'appuyer l'action gouvernementale en cherchant tout au plus à avoir une influence sur elle[3].

---

[1] Voir en ce sens Bernard Tricot, *Les Sentiers de la paix en Algerie,* Paris, Plon, 1982 et Michèle Cointet, *De Gaulle et l'Algerie française 1958-1962,* Paris, Perrin, 1995.

[2] Voir en ce sens Alain Peyrefitte, *C'etait de Gaulle,* I, op. cit. p. 266.

[3] Voir à ce propos Jean Charlot, *L'Union pour la Nouvelle Republique. Etude du pouvoir au sein d'un parti politique,* Paris, Armand Colin, 1967.

Commencée dès 1959, cette évolution s'acheva en 1962 avec l'introduction de l'élection présidentielle au suffrage universel direct. Dès lors, un lien de solidarité s'établit entre la majorité présidentielle et la majorité parlementaire, renforçant la logique majoritaire, et il se maintint jusqu'à la « cohabitation » des années quatre-vingt. En paraphrasant Maurice Duverger, on peut dire que depuis lors, l'électeur français demanda au candidat de la majorité de penser le moins possible en terme d'autonomie, et d'employer son énergie à soutenir les choix et l'action du président[1]. La force des événements et l'influence des institutions - même contre les convictions les plus enracinées du général - aboutirent à l'identification entre le parti gaulliste et la figure de De Gaulle. La logique majoritaire (qui imposait d'avoir une position politique précise et d'accepter le conflit régulé avec la partie adverse) entra en opposition avec celle de « rassemblement » (qui recherchait constamment l'unité, au-delà des positions politiques les plus conventionnelles et au nom de valeurs et d'intérêts supérieurs).

À la lumière de deux initiatives visant à éviter que la logique majoritaire ne prenne l'avantage sur celle du « rassemblement », on comprend pleinement l'évolution des institutions de la Ve République que de Gaulle avait à l'esprit. La première initiative est interne au mouvement. À la veille des législatives de novembre 1962, le général lui-même imposa aux deux branches du gaullisme (l'UNR, le parti officiel, et l'Union démocratique du travail - UDT -, la petite structure des gaullistes de gauche) de se réunir au sein d'une même organisation[2]. Le mariage se fit au détriment des seconds. Mais après 1962, quoique incapables de conquérir seuls un siège, les gaullistes de gauche parvinrent en certaines occasions à affaiblir la position de candidats de la majorité qu'ils n'appréciaient pas (en s'abstenant ou en faisant converger leurs votes sur des candidats différents). En outre, ils furent le canal que divers gaullistes appelés à devenir influents exploitèrent pour obtenir une candidature aux élections législatives. Et, durant une longue

---

[1] cf. Maurice Duverger, *Breviaire de la cohabitation,* Paris, PUF, 1986, p. 28.

[2] cf. Jean Charlot, *L'Union pour la Nouvelle Republique,* op. cit., pp. 106-111, et Id., *Le Phenomène gaulliste,* Paris, Fayard, 1970, pp. 104-111.

période, ils agirent comme un lobby interne puissant et uni. Les analyses originales de leur organe de presse, *Notre Republique*, leur permirent aussi pendant longtemps d'éviter que l'union avec l'UNR ne se transformât en annexion.

Ce poids, même relatif, peut s'expliquer par le fait que les gaullistes de gauche interprétaient certaines sensibilités particulièrement perçues par le général. L'anecdote veut que, se référant à eux, de Gaulle ait affirmé qu'ils étaient les meilleures bouteilles de sa réserve, regrettant aussitôt après qu'elles fussent si peu nombreuses. En outre, lorsque de Gaulle fut battu (notamment dans les dernières années du RPF, face à l'apparition du « phénomène Pinay », et à l'occasion du référendum de 1969), il fut très proche des positions des gaullistes de gauche : comme si celles-ci incarnaient l'essence de sa politique, mais qu'elles se révélassent insuffisantes à garantir à elles seules la victoire. La raison fondamentale de l'importance prise par ce que l'on pourrait très bien définir un « groupuscule » doit toutefois être recherchée ailleurs : dans la possibilité théorique qu'un courant de gauche interne au gaullisme puisse conjurer - ou en tout cas rendre plus malaisée - la soumission de celui-ci à la logique majoritaire. Les plus conscients des gaullistes de gauche, en effet, ne crurent jamais que le général et le phénomène politique né autour de lui pourraient trouver un espace à gauche. Avec plus de réalisme, ils cherchèrent à éviter un glissement vers la droite et à promouvoir le critère de « rassemblement » comme mécanisme de fonctionnement du système politique, en renouant le dialogue avec les électeurs et les forces de gauche. Dans les faits, les gaullistes de gauche ne parvinrent à jouer un rôle réel qu'au sein de la famille gaulliste, au moins jusqu'en 1967, lorsqu'ils furent eux aussi phagocytés par la logique majoritaire. Quoique tenté, le dialogue avec la gauche n'eut jamais vraiment lieu : il est difficile d'imaginer que ces hommes auraient pu réussir ce que le général lui-même n'avait pas été à même de réaliser.

Bien plus importante du point de vue du système, la seconde initiative du général concerne la proposition de faire élire directement le président par le peuple. La réforme fut décidée par de Gaulle en 1962, au lendemain de l'attentat du Petit-Clamart. De nombreux analystes ont souligné que le but du général était de conférer à la fonction présidentielle une légitimité autonome de son rang et de sa personne. La tentative de consolider les logiques institutionnelles affirmées en 1958 allait toutefois avoir un prix que de Gaulle n'avait pas prévu. En 1965, le ballottage avec François Mitterrand plaça le conflit bipolaire au centre du système et le bon résultat du candidat centriste Jean Lecanuet, qui avait en effet employé pour sa campagne des techniques modernes empruntées au marketing, à des années-lumière du dialogue intime avec les électeurs recherché par de Gaulle, souligna que l'élection au suffrage universel permettait au système d'évoluer dans le sens d'une modernisation de la politique. De Gaulle perçut certainement que ses réformes pouvaient produire des effets indésirables, à commencer par la résurrection des partis[1].

Il n'en modifia pas pour autant sa conviction sur la fausse fracture entre droite et gauche. Un an avant l'élection présidentielle, il avait accusé la gauche de ne pas être capable de comprendre les exigences réelles de la nation, surtout dans le domaine de la politique étrangère, et la droite d'être conservatrice et obtuse. À son avis, la seule différence entre les deux coalitions se trouvait dans leur projection extérieure : la gauche possédait une plus grande influence et une plus grande présence dans la société ; la droite était plus à l'écart et plus discrète. Il laissa filtrer publiquement son hostilité entre les deux tours de l'élection présidentielle. Rétrospectivement, cette tentative de placer le gaullisme au-dessus du clivage politique traditionnel apparaît comme la bataille ultime et désespérée d'une guerre déjà perdue. Dès 1965, d'ailleurs, l'action de Pompidou eut pour objectif de faire accepter au mouvement les conséquences politiques des réformes gaullistes. Il comprit qu'il fallait traduire cette conscience en actes concrets, afin que le gaullisme survive au général.

La racine la plus profonde du désaccord entre Pompidou et de Gaulle se trouve d'ailleurs à cet endroit précis. Au-delà de toutes les raisons circonstancielles, ce désaccord porta avant tout sur une perception différente du temps historique. Pour le

---

[1] cf. Charles de Gaulle, *Discours et Messages. Pour l'effort : août 1962-decembre 1965*, Paris, Plon, 1970, p. 433.

fondateur, dans la seconde moitié des années soixante, le gaullisme se trouvait encore dans une phase créative. Pour Pompidou, en revanche, à partir de 1965, il fut clair que, pour maintenir une hégémonie politique et électorale, la seule personne du général n'était plus suffisante et qu'il fallait donc dissocier le destin du gaullisme de celui de son créateur. Les gaullistes avaient besoin d'alliés et devaient donc s'ouvrir vers d'autres secteurs politiques. Dans la vision stratégique de Pompidou, la logique du « rassemblement » ne fut ni condamnée ni mise à l'écart. Il la vit incarnée dans la capacité d'intégration propre aux institutions de la Ve République. Les effets que l'élection présidentielle de 1965 avaient eu sur la gauche le confortèrent dans cette opinion. Le « rassemblement » resterait dans le patrimoine gaulliste comme une ressource rhétorique et comme une règle fondamentale à laquelle se référer lorsque (comme en 1968) les institutions seraient en danger. Mais dans la vie politique, cette logique céderait le pas à l'acceptation réaliste de la dynamique majoritaire. Celle-ci entraînerait nécessairement une admission non moins réaliste : la place du gaullisme était à droite.

8.

LA GAUCHE FACE AU GAULLISME

Cette évolution fut également déterminante pour la gauche. Elle favorisa notamment les courants les plus pragmatiques et les mieux disposés à se compromettre avec le gouvernement, face aux courants plus rigides sur le plan idéologique et à ceux qui, au nom d'une différence d'éthique présumée, condamnaient inconditionnellement la constitution de 1958. Ce n'est pas un hasard si, dans la redéfinition des rapports de force à gauche liée aux nouvelles règles institutionnelles, les formations et les personnalités qui prévalurent comprirent en temps opportun que la Ve République permettrait la renaissance des partis et relancerait le conflit entre la gauche et la droite. Pour s'en convaincre, il peut s'avérer utile de reconstruire, dans leurs principales lignes, les analyses de ceux qui, à gauche, s'opposèrent au retour du général. On peut situer leurs positions sur trois niveaux différents.

Certains critiques de la première heure estimèrent que le gaullisme était l'expression politique de forces capitalistes à un moment donné de l'histoire française et internationale. Ce schéma interprétatif de fond fut adapté à diverses analyses. Chez les communistes, la vulgate officielle de Thorez (reprise pour l'essentiel par Henri Claude, dans un ouvrage consacré aux rapports entre le gaullisme et le grand capital[1]) subit la concurrence de lectures plus complexes et moins orthodoxes issues du groupe proche de la revue *Economie et Politique*. Pour

---

[1] cf. Henri Claude, *Gaullisme et grand capital,* Paris, éd. Sociales, 1961.

Henri Claude, le gaullisme était le produit des exigences historiques du capitalisme qui, surmontant la phase concurrentielle, prenait la forme d'un monopole d'Etat. À ce processus de concentration économique correspondait une simplification des solutions politiques. La victoire du gaullisme signifiait donc l'abandon des « garanties formelles » propres à la tradition parlementaire, et donc un tournant vers des solutions autoritaires. L'interprétation de l'équipe d'*Economie et Politique* fut différente. Dans une série d'articles parus en 1959 et en 1960, le gaullisme fut présenté à la lumière des contradictions supposées du capitalisme mondial. En particulier, ces articles soulignèrent que le retour au pouvoir de De Gaulle était une manifestation de la volonté concurrentielle d'un nouvel impérialisme européen à l'égard d'un impérialisme américain affaibli. Niant la cohésion internationale du capitalisme, ces thèses forçaient les canons de l'orthodoxie. Elles suscitèrent des polémiques, des conflits et des condamnations au sein du PCF[1]. Sur un point toutefois, les analyses des orthodoxes et des intellectuels d'*Economie et Politique* convergèrent : elles privilégiaient une interprétation du gaullisme à travers le prisme des catégories de classe. Le même schéma fut ensuite adopté par Serge Mallet, membre du Parti socialiste unifié (PSU). Dans un ouvrage publié en 1965, celui-ci critiqua l'application mécanique des catégories marxistes à la compréhension du gaullisme. Mais lui aussi voyait dans le succès du mouvement créé par le général le reflet politique d'un processus de renouvellement et de restructuration du capitalisme national[2].

L'opposition de Mendès-France suivit une tout autre ligne, tant sur le plan politique que sur le plan théorique. Dans les années cinquante, après la sortie de scène de De Gaulle, il avait été la principale épine dans le pied de la IVe République. C'est d'ailleurs pourquoi, lors de la crise finale du régime, divers leaders d'opinion misèrent ouvertement sur un rapprochement et une collaboration nouvelle entre les deux hommes[3]. Mais l'opposition de Mendès fut constante et inflexible. Certains ont

---

[1] Sur ces questions, cf. Marc Lazar, *Maisons rouges*, op. cit, pp. 109-110.

[2] cf. Serge Mallet, *Le Gaullisme et la gauche*, Paris, Seuil, 1965.

[3] Voir en ce sens François Mauriac, *Bloc-notes*, I, op. cit., passim.

interprété cette attitude comme le résultat d'éléments de nature essentiellement circonstancielle. On a notamment souligné que le rang atteint par Mendès grâce à son action gouvernementale lui avait fait nourrir une aspiration légitime à prendre en main la succession de la IVe République (un régime qu'il n'avait certainement pas aimé, et qui le lui avait bien rendu). Anéantissant cette éventualité, l'avènement du général lui aurait ôté la possibilité de développer une action politique à la hauteur de son ambition. La place aurait donc manqué pour une cohabitation entre deux hommes du niveau de Mendès et de Gaulle[1]. Cette explication aide certainement à comprendre l'hostilité de Mendès à l'égard du retour au pouvoir du général. Et l'on ne doit pas non plus négliger les incompatibilités de caractère. Certes, tous deux assignaient à l'élan moral la fonction de principal stimulant de l'action politique. On a toutefois noté que le catholique de Gaulle, donnant une dimension transcendante à son exigence de religiosité, avait laïcisé ses rapports avec les principes politiques. Au moment décisif, cet élément lui accorda un avantage important sur l'athée Mendès, dont la religiosité civique figea l'action politique. Face à l'urgence nationale, de Gaulle sut en effet combiner magistralement l'éthique de la conviction et celle de la responsabilité, évitant la rigidité qui caractérisa l'analyse et l'action de Mendès[2].

Il y a néanmoins, dans l'attitude de ce dernier, quelque chose de moins fortuit. La condamnation de la IVe République et la constatation de sa fin réunirent de Gaulle et Mendès. Toutefois, les deux hommes eurent des idées totalement différentes à l'égard du principe de légitimité sur lequel fonder la succession. Dans son discours parlementaire du 1er juin 1958, au terme duquel il refusa la confiance au dernier gouvernement de la IVe République que de Gaulle s'apprêtait à diriger[3], Mendès désigna en 1789 un principe originel, une source d'inspiration permanente, une frontière infranchissable. Par la

---

[1] Voir en ce sens René de Lacharrière, « Mendès-France et le général de Gaulle : l'impossible rapprochement », in *Pouvoirs,* n. 27, *Le mendesisme*, 1983, pp. 105-119.

[2] *Ibid.,* p. 119.

[3] cf. Pierre Mendès-France, *Œuvres complètes,* IV, *Pour une republique moderne 1955-1962,* Paris, Gallimard, 1987, p. 424 (pp. 418-425).

suite, il restera fidèle à cette vision, considérant comme politiquement abusif tout ce qui sortait des limites de la culture républicaine. L'opération de synthèse unitaire de l'histoire française que de Gaulle avait entrepris lui parut politiquement illégitime. Tout ce qui renvoyait à l'Ancien Régime, à la monarchie, à l'Empire, devait être rejeté sur les plans culturel, politique et institutionnel. De ce fait, quoique sa personnalité eût contribué à déstabiliser la IVe République, il estima qu'en politique, l'individualité ne pouvait jouer un rôle déterminant. Son opposition aux partis elle-même s'arrêta à une critique circonstancielle des formations de la IVe République, ce qui ne l'empêcha pas de penser que la construction de forces politiques plus solides et plus structurées pouvait être un élément positif. Pour ce qui concerne plus précisément sa conception des institutions, il fut toujours persuadé que le régime parlementaire était une limite infranchissable. Le parlementarisme pouvait être amendé, mais jamais éclipsé pour donner le premier rôle au pouvoir exécutif. Faisant découler de ces convictions profondes son hostilité au gaullisme, Mendès-France lui conféra une connotation essentiellement politique et une forte inspiration morale. Il perçut dans le régime un déficit de démocratie. À plusieurs reprises, il en arriva lui aussi à le comparer au fascisme. Mais, à la différence des analyses communistes, sa polémique resta dans les domaines de la politique et de la morale, sans faire appel à des parallèles plus rigoureux de nature économique et sociale[1].

Le caractère implicitement intégral de cette critique se révèle clairement si on la compare à celle que François Mitterrand exposa à la même époque. Comme Mendès, Mitterrand fut un opposant de la première heure au retour du général. Apparemment, sa condamnation fut tout aussi définitive. À cet égard son ouvrage, *Le Coup d'Etat permanent*, publié en 1964, est une contestation de la légitimité gaulliste sans aucun doute plus cinglante que celle qu'avait prononcée Mendès-France[2]. La considération des instruments politiques à travers lesquels Mitterrand bâtit son succès offre toutefois des

---

[1] Voir en ce sens la « Lettre à Colette Audey sur la crise morale », *ibid.*, pp. 905-906.

[2] cf. François Mitterrand, *Le Coup d'Etat permanent*, Paris, Plon, 1964, pp. 74-75.

clés d'interprétation qui ne s'arrêtent pas à la lettre du texte. Dans son analyse de l'approche politique qui caractérisa la carrière de Mitterrand, Eric Duhamel montre clairement que l'ouvrage en question fut conçu dans l'optique d'être candidat à l'élection de 1965 pour représenter la gauche unie[1]. Si l'on place l'analyse de Mitterrand sur ce plan, il en ressort immédiatement que ses critiques étaient plus adressées à la personnalité du général qu'au système institutionnel. En choisissant une cible polémique aussi ambitieuse, Mitterrand visait deux objectifs apparemment contradictoires : il voulait se présenter aux yeux de la gauche comme un opposant intègre et acharné au fondateur de la Ve République, pour faire ensuite fructifier ce capital en exploitant les opportunités politiques offertes par un régime rudement blâmé en paroles. En d'autres termes, Mitterrand comprit avant les autres (et certainement avant de Gaulle lui-même) que les institutions de la Ve République, complétées par l'élection du président au suffrage universel direct, allaient relancer l'opposition entre droite et gauche, et proposer un nouveau rôle, loin d'être marginal, aux partis. À la différence de Mendès-France, avec lequel il eut des différends explicites, Mitterrand ne visa pas à la refondation du système. Et, contrairement à ce qu'on a longtemps cru, il ne visa pas non plus à la refondation de la gauche. Plus simplement, il mit en œuvre une stratégie qui favorisait le regroupement de la gauche, persuadé que cette dynamique contraindrait le gaullisme à se soumettre à la logique majoritaire en se confinant ainsi à la droite de l'échiquier politique.

---

[1] cf. Eric Duhamel, *François Mitterrand. L'unite d'un homme,* Paris, Flammarion, 1998, pp. 214-221.

9.

DIALOGUE A DISTANCE AVEC RENE REMOND: L'ENIGME DES TROIS DROITES

Les lignes qui précèdent nous conduisent à répéter que la position politique d'un individu, et à plus forte raison celle d'un mouvement, ne dépend pas exclusivement des processus intentionnels. Elle est inévitablement déterminée par des circonstances, des règles institutionnelles, des sensibilités collectives, des événements particuliers qui échappent à toute possibilité de contrôle. Le fait que le général, qui refusa cette alternative contraignante, ait dû lui-même s'y soumettre, aide à comprendre que droite et gauche ne sont pas des catégories fixées une fois pour toutes. S'il en était ainsi, il serait plus aisé d'y échapper. Ce sont au contraire des concepts empiriques et approximatifs, interdépendants : en changeant le contenu d'un terme, on change inévitablement celui de l'autre. Leur contenu comme la définition de leur frontière sont soumis aux variables du temps et de l'espace. Par exemple, à l'époque contemporaine, des traditions politiques nées à gauche se sont déplacées à droite. On peut douter que cette dynamique représente une loi historique - et nous en doutons - mais certainement pas en nier la fréquence. Pour ce qui concerne l'importance de la variable géopolitique, Tocqueville avait déjà relevé, dans sa première *Democratie en Amerique*, que la rigidité idéologique des coalitions politiques est plus accentuée sur le continent que dans les pays anglo-saxons. Abbot Lorence Lowell développa par la suite l'intuition de Tocqueville. Il n'en reste pas moins que la distinction entre droite et gauche a eu partout - sous des formes et à des degrés divers - la fonction historique de simplifier les choix politiques. Sa persistance est liée à cette capacité de simplification. Elle a permis aussi aux problèmes les plus complexes et aux lignes de fracture les moins cohérentes d'être ramenés à un système binaire : oui ou non, blanc ou noir, droite ou gauche. Selon Lowell, une loi historique tirée du fonctionnement des corps politiques collectifs met en évidence que leur pouvoir de décision réel augmente avec la simplification des options qui leur sont soumises : qu'il s'agisse d'assemblées, de meetings, ou de collèges électoraux. Et l'existence même d'éventuelles positions « tierces » (nous faisons allusion au problème récurrent du « centre », mais aussi à ceux qui ont nourri la prétention de se placer au-delà du clivage fondamental) ne peut logiquement éviter de se définir à partir de l'alternative première.

Ces considérations générales doivent être complétées par des remarques spécifiquement liées à l'histoire française. La fracture eut une origine institutionnelle : à l'automne 1789, les représentants du peuple partisans du veto royal se placèrent à droite de l'hémicycle, les opposants à gauche. Puis, sur le long terme, cette fracture se complexifia et s'enrichit de composantes culturelle, religieuse et socioéconomique qui établirent entre elles un rapport dialectique. Tandis que le clivage entre gauche et droite a été une constante historique, l'influence des différentes composantes sur les deux positions et sur leur frontière doit être considérée comme variable. Ainsi, on peut affirmer que la fracture gauche/droite a eu une signification historique et politique au moins en partie autonome par rapport à l'évolution même des termes qui l'ont formée. Ce n'est pas un hasard si des analystes comme Siegfried et Goguel, tout en ne niant pas l'évolution historique de la gauche et de la droite, ont relevé que leur opposition s'est à ce point enracinée dans le corps social et politique français qu'elle a produit des comportements collectifs durables, se transmettant de génération en génération.

Le fait que la distinction entre droite et gauche soit au cœur d'une histoire politique vieille de plus de deux cents ans souligne une contradiction à laquelle le gaullisme ne put se soustraire. Nous l'avons dit à plusieurs reprises, son ambition fondamentale a été de réunir les Français. Mais cette ambition a été déclinée selon deux perspectives temporelles différentes : au présent, elle a visé à réunir les familles politiques autour d'objectifs nationaux supérieurs ; dans une optique historique, elle a été marquée par la volonté d'intégrer et de synthétiser l'ensemble du passé national. La première perspective imposait de surmonter la distinction entre gauche et droite ; la seconde de l'assumer comme une contradiction obligatoire, de reconnaître en elle, en témoignage de la continuité historique nationale, une structure qui a donné du sens à la vie politique de la France contemporaine. Le déphasage entre ces deux perspectives devint plus sensible quand de Gaulle décida de projeter sa destinée politique au-delà des situations d'urgence. Ce fut alors la seconde perspective qui prit le dessus. Le caractère normal du conflit entre gauche et droite s'imposa à la volonté « exceptionnelle » du général d'en faire abstraction. Le gaullisme dut accepter de se positionner à droite, mais les institutions de la Ve République remplirent leur tâche d'unification politique. Elles le firent cependant en empruntant des voies et des instruments non prévus par leurs auteurs. La distinction entre droite et gauche, qui avait profondément divisé pendant presque deux cents ans la communauté nationale, s'est transformée en véhicule d'intégration. Elle a permis de réduire de manière drastique l'espace des forces opposées au système, favorisant la convergence de la presque totalité de la classe politique et des électeurs vers des valeurs fondamentales largement partagées. Paradoxalement, gauche et droite ont ainsi contribué à la naissance de ce qui a été défini comme la « République du centre »[1].

À partir de ces considérations - selon lesquelles, rappelons-le, la question de la droite et de la gauche ne doit pas être posée sur un plan ontologique mais sur un plan empirique -, savoir à quel type de droite appartient le gaullisme perd forcément en acuité. Mais d'autre part, le fait que son positionnement stable à droite ait résulté des circonstances beaucoup plus que du retour irrésistible d'une vocation originaire n'explique pas tout. Il reste

---

[1] cf. François Furet, Jacques Julliard, Pierre Rosanvallon, *La Republique du centre. La fin de l'exception française,* Paris, Calmann-Lévy, 1988.

à comprendre comment il a occupé cette place à droite, et quels rapports il a noué avec les traditions établies qui avaient structuré cet espace. Dans cette perspective, une confrontation s'impose avec les réflexions développées dès les années quatre-vingts par René Rémond[1]. L'historien démontre que la droite française est un univers pluriel. En son sein se seraient développées trois traditions dotées de systèmes de pensée, de sensibilités, de structures et d'enracinement différents. Leurs origines - à partir desquelles se seraient développés les trois archétypes - ont été perçues d'une part dans le traditionalisme des contre-révolutionnaires et des ultras de la Restauration, d'autre part dans le libéralisme conservateur propre à l'orléanisme, et enfin dans la synthèse d'autoritarisme et de nationalisme réalisée par le bonapartisme. René Rémond n'hésite pas à placer le gaullisme dans le sillage du bonapartisme. Il ne nie pas qu'on y trouve aussi des éléments hérités du traditionalisme et de l'orléanisme. Mais la comparaison avec ces deux courants le pousse à conclure que, dans les deux cas, les éléments de distance sont beaucoup plus forts que les liens de parenté. Pour lui, il n'en va pas de même quand le gaullisme est comparé au bonapartisme : les ressemblances l'emportent alors nettement sur les différences. Parmi les éléments qui l'amènent à ranger le gaullisme dans la famille de la droite bonapartiste, il y a la passion pour l'autorité et le prestige de la nation, la priorité accordée à l'unité du pays, laquelle serait assurée par un Etat fort, le caractère central du charisme, la souveraineté populaire exercée de préférence à travers des formes de démocratie directe, une propension à la modernisation socioéconomique et une attention constante à la question sociale, l'aptitude à synthétiser le centralisme monarchique et le centralisme propre à la tradition jacobine.

D'inspiration essentiellement *ideal-typique*[2], sa thèse a été successivement reprise en faisant appel aux catégories moins rigides de l'analyse socioculturelle. On peut retrouver l'origine « noble » de cette interprétation. Dès les premières années du

---

[1] René Rémond, *Les Droites en France,* cit.

[2] René Rémond parle d'« archétypes » en assignant à cette notion une signification assez proche de l'idéaltype de Max Weber ; cf. René Rémond, *Les Droites en France,* cit., en particulier p. 39.

XXe siècle, Elie Halévy - historien particulièrement attentif aux sédiments diffus des cultures politiques - relevait que le patrimoine du jacobinisme se prêtait à légitimer une conception de la démocratie relevant du césarisme et de l'autoritarisme. Il passa en revue les points de contact entre jacobinisme et bonapartisme, et établit le sens de cette continuité historique[1]. Sa conclusion a été à l'origine, il y a quelques années, d'une lecture qui précise et revoit les rapports entre le bonapartisme et le gaullisme. Serge Berstein a notamment perçu dans le second Empire la matrice originaire d'une tradition politique traversant toute l'histoire de la France contemporaine[2]. Dans le paradigme originel de cette tradition, on retrouve le caractère central attribué à la grandeur de la nation, une franche opposition à l'égard des particularismes et des corps intermédiaires, l'option en faveur de la démocratie directe et du plébiscite. Grâce à ce dernier instrument, le peuple, effectivement consulté, remet entre les mains d'un seul homme la tâche de trouver la solution salvatrice : la légitimation charismatique prévaut ainsi sur la légitimation constitutionnelle et parlementaire. Tous ces éléments permirent au césarisme de se conjuguer avec le principe révolutionnaire de la souveraineté populaire, en créant les fondements culturels de la démocratie plébiscitaire. Au fil du temps, les traits essentiels de cette culture se sont incarnés dans des expériences politiques diverses. Et, à chaque nouvelle occasion, le paradigme originaire s'est partiellement modifié. Au long de ce parcours historique, il est possible d'indiquer trois phases principales. La première coïncide avec l'époque des ligues, protagonistes de l'épisode boulangiste. La démocratie plébiscitaire entra alors en contact avec la vague de nationalisme née de la défaite de 1871. Elle accentua donc à la fois ses traits antiparlementaires et la virulence de la polémique antidémocratique. La ligue fut le produit formel de cette

---

[1] Sur ce point, je me permets de renvoyer à mon article « L'era delle tirannie di Elie Halévy : un'autobiografia intellettuale », in Elie Halévy, *L'era delle tirannie*, Roma, Ideazione, 1998, pp. 7-67 (titre original : *L'Ere des tyrannies : etudes sur le socialisme et la guerre*, Paris, Gallimard, 1938, nouv. éd. 1990).

[2] Pour ce parcours analytique, cf. Serge Berstein, « De la démocratie plébiscitaire au gaullisme : naissance d'une nouvelle culture politique républicaine ? », in Id. (éd.), *Les Cultures politiques en France*, Paris, Seuil, 1999, pp. 145-178.

radicalisation. Son organisation répondait en effet à une conception précise : celle d'un groupe d'action qui, à la différence des partis, ne recherchait pas des représentations institutionnelles et n'avait pas non plus l'ambition de constituer un corps intermédiaire. Mais sur le long terme, ce refus idéologique des partis (point de rencontre entre césarisme et jacobinisme) se heurta aux exigences de la pratique politique. Les ligues prirent de plus en plus des formes d'organisation et de sociabilité propres aux partis. Dans la seconde moitié des années trente, le processus aboutit à la naissance du PSF, qui, nous l'avons dit, eut pour ambition de déposer le patrimoine des ligues dans le moule d'un parti de masse moderne, doté d'une présence structurée dans les institutions. Par cette transition, la démocratie plébiscitaire établit un rapport soutenu avec la culture des partis et des institutions. D'après Serge Berstein, cette deuxième étape historique est un maillon fondamental de la chaîne qui, du bonapartisme, conduit au gaullisme. Le premier rapprochement remonterait déjà à l'époque de la Résistance, du fait du choix d'une partie des cadres du Parti social français de rejoindre de Gaulle. Il se serait précisé avec la fondation du RPF : un parti de masse qui aurait voulu précisément être un « rassemblement ». La formulation met bien en évidence une ambiguïté génétique : celle d'un parti qui n'entendait pas en être un. Elle reproduit l'ambiguïté du PSF : une ligue contrainte de se transformer en parti. L'analyse a trouvé une confirmation éclatante dans les études citées plus haut : elles ont mis en évidence le fait qu'une part considérable des adhérents du RPF provenait du PSF. Cette nouvelle transfiguration de la démocratie plébiscitaire entraîna encore une hybridation du patrimoine originaire. Par l'intermédiaire du gaullisme, la démocratie plébiscitaire d'inspiration nationaliste entra en contact avec la culture républicaine classique, qui était à la base de la IIIe République. Dans ce cas aussi, il est possible de situer le point de départ dans la période de la Résistance, et dans le processus de transformation du patrimoine originaire mis en œuvre par les républicains de tradition qui se trouvaient auprès du général. Avec la révision de la IVe République, cette version rénovée de la démocratie plébiscitaire a atteint un résultat permanent : la fondation d'un nouveau modèle institutionnel qui lui a donné la force de se rendre autonome de ses origines et d'exercer une influence durable.

La tentative de reconstituer les changements déterminés par l'interaction entre un patrimoine originaire et les différentes contingences historiques confirme donc la genèse bonapartiste du gaullisme, en mettant parallèlement en évidence les parcours à travers lesquels celui-ci parvint à créer une culture politique nouvelle. Toutefois, il est nécessaire d'aller encore un peu plus loin.

Dans une vision *ideal-typique*, il est certes impossible de nier la provenance bonapartiste de certains éléments de la culture gaulliste. René Rémond n'a été d'ailleurs ni le premier ni le seul à insister sur cette parenté[1]. Et ce n'est sûrement pas un hasard si elle réapparaît, chargée de valeur polémique, dans l'analyse des opposants au général[2]. Toutefois, le fait que le gaullisme soit parvenu à transférer certains éléments de la tradition bonapartiste à l'intérieur d'une nouvelle synthèse n'a pas seulement résulté des hybridations successives qu'une culture politique subit inévitablement en chemin. Cela a été aussi - et même surtout - la conséquence d'une de ses caractéristiques originelles : un élément de différence fondamentale par rapport au bonapartisme, qui a en même temps facilité la communication avec d'autres traditions politiques. À la différence de l'archétype bonapartiste tiré de l'expérience du second Empire, le gaullisme a en effet fondé sa force sur la prétention de représenter la continuité de la nation. Sa légitimité s'est étayée sur le rejet de l'idée d'une rupture de l'histoire, dans la conviction qu'une telle idée entraînerait la perte de la dignité nationale. Son succès tient au fait d'avoir réussi à prendre en charge le passé de la nation et à le projeter vers l'avenir, en 1940 comme en 1958. Pour nier la parenté entre le bonapartisme et le gaullisme, certains critiques de René Rémond ont insisté sur la prise de distance de De Gaulle à

---

[1] cf. Donald McKay, « De Gaulle and Louis Napoléon », in *Current History,* mai 1949, n. 93, pp. 267-270.

[2] cf. François Mitterrand, *Le Coup d'Etat permanent*, cit., pp. 79-84. Pour un développement polémique de ces allusions, cf. Jacques Duclos, *De Napoleon III à de Gaulle,* Paris, éd. Sociales, 1963.

l'égard du régime de Louis Napoléon Bonaparte[1]. L'argument n'explique rien : il est évident que le général ne pouvait aimer un régime qui avait mené le pays à la défaite. Mais l'appartenance *ideal-typique* fait abstraction de toute adhésion explicite, et elle n'implique pas la nécessité d'établir des séquences historiques parfaites. Ce qu'il est en revanche intéressant de remarquer, ce sont les raisons que de Gaulle invoqua pour expliquer sa prise de distance. Il nia que la rupture du second Empire, et plus tard celle que les boulangistes auraient voulu provoquer, se fussent fondées sur des exigences réelles de la nation. Dans les deux cas, il y aurait donc eu une volonté de forcer le processus historique.

Le respect de la continuité historique est l'élément du gaullisme qui a le plus favorisé une récupération ainsi qu'une nouvelle élaboration du patrimoine politique et culturel républicain. Mais pour atteindre ce but, le gaullisme a dû établir des contacts soutenus avec les deux autres traditions de la droite française. Comme l'a justement observé René Rémond, les éléments de différenciation avec ces deux traditions sont plus forts que les éléments de convergence. En se bornant à l'essentiel, on peut dire que le gaullisme s'est inévitablement dissocié du traditionalisme, en raison de sa tension permanente vers une modernité qui se voulait respectueuse du passé ; il s'est dissocié de l'orléanisme par son opposition à tout pouvoir particulier, lié à une aversion irréductible à l'égard des notables. Toutefois, à chacun de ces courants, il a pris un trait fondamental, indispensable pour expliquer ses succès et son affirmation en tant que culture politique autonome. Sa conception de la légitimité dérive du traditionalisme ; la direction vers laquelle rechercher la réforme des institutions dérive de l'orléanisme. Si elles ne sont pas en mesure d'établir des appartenances, ces proximités en relativisent d'autres. Elles aident surtout à expliquer les rapports intermittents que le gaullisme eut avec les héritiers de ces deux tendances. L'opposition du gaullisme à l'égard des traditionalistes et des orléanistes est la conclusion qui s'impose à l'issue d'un examen

---

[1] cf. Jean Touchard, *Le Gaullisme 1940-1969,* Paris, Seuil, 1978, passim, et notamment pp. 351-352.

rétrospectif et synthétique. On ne doit cependant pas oublier les occasions au cours desquelles le gaullisme se trouva allié à des représentants de ces courants, moments essentiels de son histoire et de son succès[1].

---

[1] cf. à ce propos Christian Bidégaray et Paul Isoart, *Les Droites et le general de Gaulle,* Bruxelles, Economica, 1991, passim.

10.

GAULLISME, LEGITIMITE ET LEGITIMISME

La conception de la légitimité est le point de contact le plus évident entre gaullisme et traditionalisme. C'est là un aspect primordial du gaullisme, qui renvoie à son acte de naissance. On en trouve en effet la trace dès l'appel du 18 juin. Ce fut précisément son idée particulière de la légitimité, que nous allons tenter d'expliquer, qui permit à de Gaulle d'absoudre la nation. Le 19 juin, le général alla beaucoup plus loin. Son discours à Radio Londres s'ouvrit sur la constatation de la décomposition de toute forme ordinaire de pouvoir sur le sol national. Face à un gouvernement ayant accepté de se soumettre à l'ennemi, il affirma consciemment, pour la première fois, qu'il prenait la parole au nom de la France[1]. Historiquement aussi importante que celle de la veille, cette intervention permet de comprendre sur quelles bases se fondait, dans le propos gaulliste, la contestation de la légitimité de Vichy. S'appuyant sur la science juridique de Cassin, le général proclamerait bientôt le gouvernement du maréchal Pétain à la fois illégal et illégitime. De ses allocutions, et des reconstitutions a posteriori, il ressort toutefois qu'il perçut l'illégitimité du régime avant même d'en percevoir l'illégalité, et que la controverse sur la légitimité se développa de manière autonome par rapport à toute considération sur la légalité. La légitimité gaulliste, en effet, ne se fondait pas exclusivement sur le consensus et la souveraineté

---

[1] cf. Charles de Gaulle, « intervention à Radio Londres » du 19 juin 1940, in *DM 1940-1946,* op. cit., p. 5.

populaire. Elle se plaçait sur un plan ne coïncidant pas parfaitement avec celui de la légalité en vigueur en 1940. Au début de la France libre, dans le propos du général, les notions de légitimité et de légalité étaient donc distinctes. En ce sens, l'expérience gaulliste marqua un retour au passé. On ne doit pas oublier à cet égard que l'idée de légitimité eut en France une origine contre-révolutionnaire. Elle fut utilisée par les ultras pour affirmer la nature divine et transcendante du pouvoir, devant les prétentions des « usurpateurs » de 1789. Elle se rendit par conséquent indépendante de la légalité positive, et ne s'identifia même pas totalement avec la défense de l'institution monarchique. Au point que, lors de l'intronisation de Louis-Philippe, on parla de « quasi-légitimité », pour signifier que la permanence de la monarchie ne remédiait que partiellement à l'usurpation subie par les détenteurs légitimes du pouvoir, les Bourbon.

L'introduction du suffrage universel masculin marqua une laïcisation de la théorie de la légitimité[1]. L'expression pleine et entière de la souveraineté populaire devint dès cet instant la source première à la fois du pouvoir légal et du pouvoir légitime. Dans l'histoire française, l'idée de légitimité (notion inventée pour contester une légalité qu'on estimait sans fondement) adhéra alors parfaitement à l'idée de légalité. L'avènement de De Gaulle les sépara à nouveau.

Les recherches ont montré qu'au cours de l'été 1940, la majorité des Français approuvèrent l'armistice et que, poussés par l'immense prestige de Pétain, ils acceptèrent favorablement (ou à tout le moins dans l'indifférence) le changement de régime[2]. Plusieurs indices prouvent que le général était conscient de cette réalité, et on a acquis la certitude qu'après la guerre elle était ouvertement admise dans les milieux gaullistes, sans pour autant être perçue comme scandaleuse. Dans une lettre du 7 janvier 1942 à Jacques Maritain, de Gaulle reconnaît que les responsabilités des Français étaient bien supérieures à

---

[1] cf. Guglielmo Ferrero, *Pouvoir. Les genies invisibles de la cite,* New York, Brentano's, 1942.

[2] cf. notamment Jean-Marie Flonneau, « L'évolution de l'opinion publique de 1940 à 1944 », in Jean-Pierre Azema, François Bédarida (éd.), *Vichy et les Français,* Paris, Fayard, 1992, pp. 506-521.

celles qu'il avait publiquement admises. L'analyse est d'une lucidité impitoyable : « Vous entendez bien que si, jusqu'à présent, j'ai dû m'appliquer dans la mesure de mes forces à dire que notre désastre n'avait été que militaire et à faire qu'il soit réparé, je crois comme vous qu'au fond de tout il y avait dans notre peuple une sorte d'affaissement moral »[1]. Dans une page de ses Mémoires, de Gaulle reprend ce diagnostic : pour comprendre les raisons de l'effondrement de 1940, il est nécessaire de considérer le prix que la France avait dû payer pour sortir victorieuse de la Première Guerre mondiale[2]. Pour ce qui concerne spécifiquement la classe dirigeante, il expliqua que la crise morale qui mena à la reddition ne se limitait pas à la haute hiérarchie militaire : « Dans tous les partis, dans la presse, dans l'administration, dans les affaires, dans les syndicats, des noyaux très influents étaient ouvertement acquis à l'idée de cesser la guerre »[3]. De son côté, Peyrefitte reproduit un passage de ses conversations avec le général lorsque celui-ci était président d'où il ressort que de Gaulle avait une considération de l'illégitimité de Pétain plus dubitative et moins unilatérale qu'on ne l'imagine à partir de la vulgate officielle[4].

Deux gaullistes très différents par leur attitude et par les rapports qu'ils entretinrent avec le général et le mouvement gaulliste développent des analyses beaucoup moins impressionnistes. En 1947, cherchant les raisons de l'éclatant succès du RPF (qui avait été lancé par le général au cours de cette année-là), Raymond Aron affirma ceci : « On lui sait gré, en somme, d'avoir pensé le 18 juin autrement que n'ont pensé à ce moment la majorité des Français. Ce serait fausser l'histoire et fausser la psychologie de représenter le général de Gaulle

---

[1] « Charles de Gaulle à Jacques Maritain », 7 janvier 1942, in Id., *LNC 1941-1943*, op. cit., pp. 174-175. Encore plus particulièrement, sur les responsabilités de l'attitude pacifiste dans la défaite, cf. le « discours de De Gaulle à Radio Londres », le 9 septembre 1940, in *DM 1940-1946*, op. cit., pp. 36-37.

[2] Sur la crédibilité historiographique de cette analyse gaulliste, cf. le texte récent de Jean-Jacques Becker, « D'une guerre à l'autre 1914-1939 », in *14-18*, n. 2, 1999, pp. 142-151.

[3] Charles de Gaulle, *Memoires de guerre*, I, *L'appel 1940-1942*, Paris, Plon, 1954 (désormais *MG*, I, *L'appel*), p. 25.

[4] cf. Alain Peyrefitte, *C'etait de Gaulle*, II, *La France reprend sa place dans le monde*, Paris, Librairie générale française, 1999, p. 153.

découvrant à l'automne 1944 tout un peuple qui l'attendait depuis quatre ans [...] mais qui niera que beaucoup de ceux qui acclament le général de Gaulle en 1944 auraient acclamé ou ont acclamé le maréchal Pétain le 18 juin 1940 »[1]. Au début de l'aventure gaulliste, Aron était lui aussi à Londres. Rédacteur au journal *France Libre*, il se montra nettement perplexe à l'égard du général et de son entourage londonien. Quand il prononça les mots qui viennent d'être cités, il traversait en revanche la phase de son existence la plus proche du gaullisme, ce qui l'amena à jouer un rôle actif dans les rangs du RPF[2]. À l'inverse, Debré fut quant à lui résistant sur le sol métropolitain, en contact direct avec les humeurs et les sensibilités des Français. Pourtant, en 1950, ses considérations furent comparables à celles de Aron : « La popularité, sinon du Gouvernement de Vichy, en tous cas de son chef, était, à l'été 1940, tout à fait exceptionnelle. L'apparition du Maréchal sur la scène politique, en même temps qu'elle avait mis fin aux opérations militaires, amenait la fin des inquiétudes individuelles et la fin d'un cauchemar collectif. Elle apportait encore davantage : l'espoir que, malgré la profondeur de la catastrophe, le redressement pourrait être rapide »[3]. Debré ajouta que, tandis que Pétain était populaire, « le général de Gaulle était un inconnu »[4]. Enfin, il soutint aussi que le gouvernement de Bordeaux avait pour lui la légalité formelle, ou à tout le moins une légalité supérieure à celle des résistants de Londres au début de leur initiative. Dans notre perspective d'analyse, ces affirmations ont une importance plus grande que celles de Raymond Aron, avant tout en raison de leur provenance : Debré fut incomparablement plus proche du général et ne fut pas - contrairement à Aron - un « franc-tireur » de la famille gaulliste, mais un de ses piliers. Ces affirmations sont également importantes en raison de l'endroit où elles furent publiées, *Liberte d'esprit*, la revue théorique du RPF (dans un numéro consacré au dixième anniversaire de l'appel du 18

[1] cf. Raymond Aron, « Du gaullisme au RPF », op. cit., p. 3.
[2] cf. Raymond Aron, *Memoires,* Paris, Julliard, 1983, pp. 223-237.
[3] Michel Debré, « 18 juin et légitimité du pouvoir », in *Liberte d'Esprit,* n. 11-12, juin-juillet 1950, p. 113 (pp. 111-113).
[4] *Ibid.*

juin) : les Mémoires de Claude Mauriac, qui fut directeur de la revue, témoignent de l'attention avec laquelle de Gaulle suivait la publication et jugeait de l'opportunité de certains articles[1]. On peut donc douter que le texte de Debré passa inaperçu. S'il fut publié, c'est parce qu'il saisissait parfaitement la teneur profonde de la légitimité gaulliste.

Debré, en effet, renvoie aux premiers discours de De Gaulle. Il en ressort clairement que pour le général, le consensus était un attribut nécessaire mais non suffisant pour avoir un gouvernement légitime. Déjà dans son allocution du 19 juin 1940 (nous y avons fait allusion plus haut), on peut trouver un indice important en ce sens : le choix de l'armistice aurait rompu la continuité historique et trahi l'intérêt supérieur de la nation, créant l'espace pour qu'une entité différente du gouvernement supposé légal parle légitimement au nom de la France. Un passage du discours du 2 juillet suivant fixe cette même perception, en lui accordant une dimension symbolique : « Jeanne d'Arc, Richelieu, Louis XIV, Carnot, Napoléon, Gambetta, Poincaré, Clemenceau, le Maréchal Foch, auraient-ils jamais consenti à livrer toutes les armes de la France à ses ennemis pour qu'ils puissent s'en servir contre les Alliés ? »[2]. Qu'on note la séquence des noms évoqués par de Gaulle : ils établissent une continuité historique qui se joue de toute division religieuse, politique, institutionnelle, et trouve sa justification dans la volonté commune de défendre l'intérêt supérieur et partagé de la France. En acceptant l'armistice, le gouvernement de Vichy avait donc brisé une continuité enracinée au cours des siècles, et ce faisant il avait trahi cet intérêt intangible, même s'il avait pour lui un consensus temporaire. D'où, pour de Gaulle, l'exigence morale de désobéir au pouvoir pour affirmer l'intérêt de la nation, qui faisait maintenant abstraction de la légalité formelle. Le lien entre illégitimité historique et désobéissance civile ressort nettement de la lettre que, le 20 juin 1940, de Gaulle, désormais clairement

---

[1] cf. Claude Mauriac, *Un autre de Gaulle,* op. cit., en particulier les pages 341 et 342 où est reproduit le jugement « préventif » de De Gaulle à propos de l'éventuelle publication d'un article de Raymond Aron dans *Liberte d'Esprit*.

[2] Charles de Gaulle, « Intervention à Radio Londres », 2 juillet 1940, in *DM 1940-1946,* op. cit., p. 12.

sur la voie de la rébellion, transmit à son supérieur hiérarchique, le général Weygand (qui lui avait intimé l'ordre de se livrer) : « Mon Général, j'ai reçu votre ordre de rentrer en France. Je me suis donc tout de suite enquis du moyen de le faire, car je n'ai, bien entendu, aucune autre résolution que celle de servir en combattant. Je pense donc venir me présenter à vous dans vingt-quatre heures si, d'ici là, la capitulation n'a pas été signée. Au cas où elle le serait, je me joindrais à toute résistance française qui s'organiserait où que ce soit. A Londres, en particulier, il existe des éléments militaires - et sans doute en viendra-t-il d'autres - qui sont résolus à combattre, quoi qu'il arrive dans la Métropole. Je crois devoir vous dire très simplement que je souhaite pour la France et pour vous, mon Général, que vous sachiez et puissiez échapper au désastre, gagner la France d'outre-mer et poursuivre la guerre. Il n'y a pas actuellement d'armistice possible dans l'honneur »[1]. De Gaulle fait tout dépendre de l'armistice. En son absence, il se dit prêt à rentrer dans le rang. Dans le cas contraire, il n'y a qu'une seule voie honorable : se mettre à la tête de la résistance et continuer le combat. L'acceptation de la défaite nationale est présentée comme une défaite personnelle. Le devoir moral de faire son possible pour éviter la défaite nationale fait de la désobéissance à l'égard d'un pouvoir dépourvu de légitimité un impératif catégorique, auquel l'individu ne peut se soustraire. Cette idée, exprimée en privé dans la lettre à Weygand, reçut une forme publique dans le discours à Radio Londres du 23 juillet 1940 : « L'argument de l'obéissance aux ordres d'une autorité disqualifiée et asservie ne peut plus, ne doit plus compter devant l'obligation sacrée de lutter pour le salut de la France »[2].

Si les textes contemporains montrent que de Gaulle perçut distinctement les notions de légitimité et de légalité au moment de la rébellion, ses réflexions rétrospectives indiquent le chemin qu'il parcourut pour que ces deux concepts, après le 18 juin, se rapprochent à nouveau pour enfin coïncider : « Pour un pouvoir, la légitimité procède du sentiment qu'il inspire et qu'il a

---

[1] « Lettre du général de Gaulle au général Weygand », Londres, 20 juin 1940, reproduite en annexe de *MG,* I, *L'appel,* op. cit., pp. 269-270.

[2] Charles de Gaulle, « Intervention à Radio Londres », 23 juillet 1940, in *DM 1940-1946,* op. cit., p. 17.

d'incorporer l'unité et la continuité nationales quand la patrie est en danger. En France, toujours, c'est en raison de la guerre que les Mérovingiens, les Carolingiens, les Capétiens, les Bonaparte, la IIIe République, ont reçu et perdu cette autorité suprême. Celle dont, au fond du désastre, j'ai été investi à mon tour dans notre Histoire a été reconnue, d'abord par ceux des Français qui ne renonçaient pas à combattre, puis à mesure des événements par l'ensemble de la population »[1]. Le début de la citation confirme une fois de plus le caractère central que le général attribuait à la guerre pour décider du sort des régimes politiques. La conclusion, en revanche, permet de comprendre le rapport que la légitimité gaulliste établit avec le consensus. Cette légitimité distingue deux temps : un premier temps au cours duquel la source exclusive de la légitimité fut représentée par la capacité d'incarner la continuité historique, et donc l'intérêt supérieur de la nation ; un second temps où, admet de Gaulle, cette légitimité se peaufina à travers la reconnaissance de tous les citoyens. On trouve donc une confirmation de ce qui a été dit plus haut : le général estimait que le consensus était un attribut de la légitimité, mais il n'était pas le seul, et même pas le principal. Au cours de la guerre, pour revendiquer l'appui de la nation, de Gaulle recourut à une stratégie et utilisa une technique. Au micro de Radio Londres, il demanda aux Français de manifester leur adhésion à la France libre en adoptant certains comportements. Il commença le 23 décembre 1940, quand il demanda de ne pas sortir de chez soi le premier jour de l'année à une certaine heure de la journée[2]. Ce fut la première tentative d'une longue série, qui vit les défis devenir de plus en plus ambitieux et vérifiables. D'un point de vue symbolique, le fait avait une signification sans équivoque : à travers le « plébiscite du silence », on s'en remettait au vide et à l'absence pour faire accepter cette légitimité qui, pour des raisons de force majeure, allait longtemps encore se passer du vote et de la

---

[1] Charles de Gaulle, *Memoires d'espoir,* I, *Le renouveau 1958-1962,* Paris, Plon, 1970, pp. 7-8.

[2] cf. les discours de De Gaulle à Radio Londres, les 23 et 28 décembre 1940, in *DM 1940-1946,* op. cit., pp. 54-55 et pp. 55-56. Voir aussi le « Télégramme adressé à tous les Comités nationaux et aux représentants de la France libre », Londres, 23 décembre 1940, in *LNC 1940-1941,* op. cit., p. 207.

présence. Au reste, cette initiative s'appuyait sur une conception précise du lien entre consensus et légitimité. De Gaulle avait en effet abordé le problème du consensus de Vichy dans un discours à l'Amérique latine, prononcé à Londres en août 1940. À cette occasion, il n'avait pas nié la popularité du régime de Pétain, mais il en avait contesté les présupposés : cette popularité était née dans un climat non libéral, où était refusé le droit de dire ce qu'on pensait et la possibilité de s'opposer à la propagande de l'ennemi et de ses complices[1]. Cette situation rendait l'adhésion des citoyens négligeable au regard de la légitimité, et justifiait la décision de renvoyer à un moment ultérieur (quand la liberté d'expression serait rétablie) le recours à la souveraineté populaire.

De Gaulle suivit la voie qu'il avait lui-même tracée et honora l'engagement pris à plusieurs reprises. Mais ce serait forcer la vérité historique que de ne pas reconnaître que pour lui, après le 18 juin, légitimité et légalité ne coïncidèrent plus parfaitement. Avec l'ordonnance du 9 août 1944, le général proclama le *retablissement* de la légalité républicaine. Le but du texte était de consacrer la continuité de la République et, parallèlement, de nier l'existence juridique de Vichy. La fiction fut construite à travers un processus de laïcisation de l'idée de légitimité propre au patrimoine traditionaliste. De même que les Bourbon, réinstallés sur le trône par la Restauration, voulurent couvrir du voile de l'inexistence ce qui avait eu lieu pendant leur absence après la chute de Louis XVI, la légitimité gaulliste prétendit annuler les quatre années de législation vichyste. L'époque héroïque de la guerre s'éloigna, mais cette conception ne se modifia pas. En janvier 1953, au cours d'une conversation privée avec Pompidou, le général jugea que « le grand malheur c'[était] d'avoir détruit la légitimité royale »[2]. Quand, un an plus tard, François Mauriac prit acte du fait que de Gaulle avait miraculeusement survécu au naufrage du RPF, il souligna que son ton de souverain n'avait pas changé, ce qui ramenait dans le présent quelque chose du temps où la France était la « grande

---

[1] cf. le « Discours à l'Amérique latine » prononcé à Londres le 15 août 1940, in *LNC 1940-1941*, op. cit., pp. 83-84.

[2] Georges Pompidou, *Pour retablir une verite*, cit., p. 136.

Nation »[1]. Une telle conception fascina les partisans du général, comme elle suscita l'opposition de ses détracteurs. Dans la séparation entre légitimité et légalité, Mitterrand identifia l'une des preuves principales du fait que de Gaulle était étranger à la tradition républicaine, ainsi qu'une preuve de sa vocation antidémocratique[2]. De son côté, le général continua à distinguer la légalité de la légitimité même quand, désormais solidement installé à l'Elysée, il était titulaire d'un pouvoir légal. À l'heure des barricades d'Alger, un des moments les plus difficiles pour la nouvelle République, son appel à la nation se scinda à nouveau. La revendication d'un pouvoir légitime se présenta sur un mode autonome par rapport à la constatation de son pouvoir légal. Une fois de plus, cette revendication se tourna vers le passé, fixant la biographie politique du général sur la question de l'unité. La possession de la légitimité nationale établirait la continuité entre le temps de la rébellion, celui du pouvoir, celui de l'opposition, et celui de l'abandon. Le 29 juin 1960, de Gaulle conclut ainsi son appel à la radio : « Enfin je m'adresse à la France. Eh bien ! Mon cher et vieux pays, nous voici donc ensemble, encore une fois, face à une lourde épreuve. En vertu du mandat que le peuple m'a donné et de la légitimité nationale que j'incarne depuis vingt ans, je demande à tous et à toutes de me soutenir, quoiqu'il arrive »[3]. Evidemment, pour lui, au cours des vingt dernières années, à partir du 18 juin 1940, rien n'avait changé en matière de légitimité dans les diverses phases traversées, de la période de guerre à la période présente où il se trouvait à la tête de l'Etat.

[1] François Mauriac, *Bloc-notes,* I, op. cit., p. 72.

[2] François Mitterrand, *Le Coup d'Etat permanent,* cit., pp. 74-75.

[3] Charles de Gaulle, *Discours et Messages. Avec le renouveau : mai 1958-juillet 1962,* Paris, Plon, 1970 (désormais *DM 1958-1962*), p. 166.

11.

GAULLISME, ORLEANISME ET INSTITUTIONS

Cette conception de la légitimité influença son œuvre de réforme institutionnelle. Dans une étude consacrée à Max Weber, Wolfgang J. Mommsen voit dans la Ve République la réalisation la plus proche du projet institutionnel du sociologue allemand, visant à greffer une légitimité plébiscitaire et charismatique dominante au cœur de la vieille conception de l'Etat constitutionnel et parlementaire[1]. Ce n'est pas ici le lieu d'une comparaison des projets institutionnels de Weber et de De Gaulle : cela nécessiterait de prendre en considération leurs conceptions différentes du parti de masse dans ses rapports avec le charisme légitimé[2]. Mais le rapprochement permet une constatation, qui s'avère décisive pour la compréhension du projet gaulliste. Pour Weber, la constitution du pouvoir charismatique fut conçue dans l'abstrait, comme l'instrument apte à briser la rigidité du schéma démocratique et parlementaire classique. Pour le général, l'affirmation du charisme fut employée concrètement, pour récupérer, au sein d'une nouvelle culture politique et d'une nouvelle architecture institutionnelle, l'ensemble de l'histoire institutionnelle de la

---

[1] Wolfgang J. Mommsen, *Max Weber und die deutsche Politik, 1890-1920,* Tübingen, J.C.B. Mohr, 1974.

[2] Pour ce qui concerne ce rapport dans la réflexion de Max Weber, je me permets de renvoyer à mon ouvrage, *La politica senza partiti*, Rome-Bari, Laterza, 1993, pp. 235-236, note 8.

nation. Dans cette entreprise il renoua dans les faits avec une ancienne ambition d'origine orléaniste. Pour l'expliquer, il convient de revenir loin en arrière dans le temps.

En 1943, pensant à la transition institutionnelle de l'après-guerre, Michel Debré forgea la formule de « monarchie républicaine »[1]. Il voulait exprimer ainsi la nécessité que le futur président ait des pouvoirs beaucoup plus larges que ceux des chefs de l'Etat de la IIIe République. Debré souhaitait notamment que le président, à l'instar des monarques anglais, fût l'incarnation de l'unité nationale. La formule eut du succès. On fit déjà référence à elle après le discours de Bayeux, le 16 juin 1946, qui ouvrit la longue bataille pour la réforme des institutions[2]. Et, après la naissance de la Ve République, elle devint même un stéréotype et fut employée parfois de manière inappropriée. On sait moins, en revanche, que cette expression avait déjà une histoire, qui plongeait ses racines dans les origines de la IIIe République. Faute de redécouvrir son parcours, on risque de ne pas comprendre totalement ni les rapports de De Gaulle avec la République ni la signification de son œuvre de réforme des institutions.

Pour mettre en lumière cet arrière-plan, il convient de se tourner vers ce que Raymond Aron a défini comme le « parti anglais » de la culture française : la partie du libéralisme qui, dans le sillage de Tocqueville, Guizot et Constant, fit du monde anglo-saxon sa référence privilégiée. Dans la seconde moitié du XIXe siècle, ce courant subit une crise à cause de la défaite de la monarchie orléaniste. Mais lorsque, à partir de 1860, le temps commença à atténuer le poids de la défaite, les circonstances politiques lui offrirent aussitôt une nouvelle occasion favorable[3]. En son sein, d'importants changements eurent alors lieu[4].

---

[1] Jacquier-Bruère (pseudonyme de Michel Debré et Emmanuel Monick), *Refaire la France. L'effort d'une generation,* Paris, Plon, 1945. En réalité, l'ouvrage remonte à deux ans avant sa date de publication.

[2] Sur le discours de Bayeux et ses interprétations, cf. Françoise Decaumont (éd.), *Le Discours de Bayeux. Hier et aujourd'hui,* Paris, Economica, 1991.

[3] cf. à ce propos Françoise Mélonio, *Tocqueville et les Français,* Paris, Aubier, 1993, notamment pp. 163-213.

[4] Pour une analyse plus détaillée de cette rupture et pour les indications bibliographiques s'y rapportant, je me permets de renvoyer à mon article « Il dibattito sul modello inglese e l'origine della Terza Repubblica in Francia », in Eugenio Capozzi (éd.), *Le costituzioni*

Les textes des représentants les plus qualifiés de ce courant (Hippolyte Taine et Ernest Renan) montrent que la référence à l'Angleterre et à ses institutions avait une teneur essentiellement idéologique. Il n'était pas jugé possible pour Taine, et encore moins pour Renan, qu'elle eût une signification positive. Elle était utilisée pour identifier une histoire différente de celle de la France depuis 1789 : celle d'une nation qui avait fondé sa puissance sur le culte de la tradition et sur un conservatisme naturel, qui avait favorisé une évolution graduelle des mœurs et des institutions. Autrement dit, l'antithèse parfaite de la France rationaliste et révolutionnaire.

À côté de ces analyses, on en vit apparaître d'autres, plus empiriques, appelées à exercer une influence directe à la fois sur les aléas institutionnels qui marquèrent le passage du second Empire à la IIIe République et sur les débuts du nouveau régime. Différentes entre elles par leurs structures et leur influence, leur caractère moins abstrait fut lié à une raison historique précise : elles eurent toutes pour origine l'ouverture à des solutions libérales engagée par Napoléon III dans la phase finale de son règne. Cette perspective concrète conduisit certains libéraux anglophiles à hybrider leur modèle de référence, en l'appliquant à la réalité du régime napoléonien, qui jusqu'alors avait exprimé des valeurs historiques et institutionnelles franchement antithétiques. Dans leurs textes, on perçoit une disponibilité inédite à ne pas considérer l'Angleterre et ses institutions comme de pures références polémiques, sur lesquelles fonder une sorte d'anti-histoire de la nation française, un catalogue de toutes les occasions perdues depuis la Révolution. L'Angleterre comme modèle idéal prenait ainsi des contours précis. Elle devint une source d'inspiration plus générale, et par la force des choses plus commune. On tenta de comprendre l'esprit de la vie institutionnelle anglo-saxonne pour l'adapter au contexte, puisque le régime en place interdisait de l'adopter dans son intégrité et sa pureté.

Ce filon fut notamment exploité en 1861 par le duc Victor de Broglie, partant d'une perspective monarchique et

---

anglosassoni e l'Europa. Riflessi e dibattito tra '800 e '900, Soveria Mannelli, Rubbettino, 2002, pp. 55-77.

constitutionnelle[1]. Les réflexions d'Edouard Laboulaye remontent quant à elles à 1863 : quoique s'exprimant d'un point de vue antithétique à celui de De Broglie (il était républicain), Laboulaye en arriva lui aussi à la conclusion que, pour se rapprocher de l'exemple anglais, il fallait faire abstraction de la fracture entre république et monarchie, et s'intéresser à l'essence du régime parlementaire[2]. Mais dans les dernières années de l'Empire, le produit le plus significatif de la tendance à appliquer le modèle anglais se trouve dans *La France nouvelle* de Lucien Anatole Prévost-Paradol (monarchiste libéral et modéré qui paya tragiquement, en se suicidant, l'illusion de voir évoluer du régime dans un sens libéral[3]).

Prévost-Paradol assignait aux libéraux la tâche de démocratiser progressivement la société, de rendre le processus harmonieux, de le mettre à l'écart des risques d'anarchie et de despotisme qui lui sont inhérents[4]. Pour rendre à l'histoire française le caractère tempéré du libéralisme anglo-saxon, il fallait toutefois, en premier lieu, mener la Révolution à son terme ; relier ce grand événement « encore à la recherche d'un gouvernement » au fil d'une histoire interrompue[5]. Prévost-Paradol résuma cette aspiration dans l'image du drapeau tricolore au milieu duquel pourrait apparaître la fleur de lys : vision suggestive d'une réunification de la vieille et de la nouvelle France (à la lumière des événements qui conduisirent en 1873 le comte de Chambord à refuser la couronne, cette vision montra aussi fort bien sa fragilité[6]). On observe donc dans ce texte une tentative de s'emparer du mécanisme fondamental des institutions anglaises, et d'en rechercher une

---

[1] cf. *Vues sur le gouvernement de la France. Ouvrage inedit du duc de Broglie publie par son fils,* Paris, Michel Lévy, 1870.

[2] cf. Edouard Laboulaye, *Le Parti liberal. Son programme et son avenir,* Paris, Charpentier, 1863. Voir aussi, Id., *Questions constitutionnelles,* Paris, Charpentier, 1872.

[3] cf. Lucien Anatole Prévost-Paradol, *La France Nouvelle,* Paris-Genève, Slatkine, 1969 (fac-similé de l'édition parisienne de 1969). Sur l'indication du modèle anglais comme objectif de la nouvelle France, voir aussi Id., *France,* Edimbourg, Edmouston and Duglas, 1869, passim et particulièrement p. VI.

[4] cf. Lucien Anatole Prévost-Paradol, *La France Nouvelle,* cit., pp. 9-46.

[5] *Ibid.,* p. 296 (pp. 295-312).

[6] *Ibid.,* p. 311.

traduction possible en écartant toute velléité de reproduction totale.

L'auteur identifiait notamment le cœur du système anglais dans le fonctionnement du gouvernement de cabinet et non dans la forme monarchique. Dans la première partie du volume, le problème de la nature du futur régime français ne se pose d'ailleurs pas, et il est explicitement admis qu'une grande partie des réformes proposées seraient réalisables dans une monarchie comme dans une république[1]. La préférence, finalement, allait pour la monarchie constitutionnelle, mais ce choix ne présentait pas le caractère péremptoire que lui attribuait nombre des anglophiles qui avaient précédé. L'auteur en vint même à reconnaître qu'on pourrait considérer sans appréhension, et surtout sans préjugés, que l'Etat, parce qu'il est privé d'un monarque digne ou par la force des événements, recourt à la forme républicaine[2]. C'est précisément sur cette disponibilité que s'appuya Walter Bagehot, dans sa brève introduction de 1869 à la traduction française de *English Constitution*, son œuvre sur les institutions anglaises qui allait devenir un classique[3]. Après avoir fait l'éloge de l'œuvre de Prévost-Paradol, la présentant comme une des meilleures études françaises consacrées au modèle anglais, Bagehot concentra sa critique sur un seul point : il démentit la thèse selon laquelle le droit de dissoudre le Parlement se trouve dans des mains plus sûres s'il est conféré à un roi plutôt qu'à un président (l'objectif explicite de Bagehot était de rendre le gouvernement de cabinet autonome de la forme monarchique).

Une dernière pièce doit être ajoutée. Nous avons jusqu'ici concentré notre attention sur les textes à caractère essentiellement idéologique ou institutionnel : ce qui ne veut pas dire qu'il n'y eut pas de propositions visant directement le domaine de la politique et de ses équilibres. En ce sens, pour sa

---

[1] *Ibid.*, notamment p. 310.

[2] *Ibid.*, p. 152.

[3] cf. Walter Bagehot, *La Constitution anglaise*, Paris, Germer Baillère, 1869, pp. I-XII. Sur la réception française de la version anglaise originale de cet ouvrage, cf. Michel Chevalier, « La constitution de l'Angleterre », in *Revue des Deux Mondes*, 77, 1867, pp. 529-555. Sur ce texte, cf. Maurizio Griffo, « Un Bagehot oublié », in *European Review of History – Revue Europeenne d'Histoire*, 5, n. 2, 1998, pp. 183-189.

valeur intrinsèque et pour sa valeur symbolique, il convient de rappeler un autre ouvrage sur la transition, *La Republique conservatrice*, de Ernest Duvergier de Hauranne, publié en 1873[1] : ne fût-ce que pour des raisons chronologiques, on peut y percevoir plus explicitement que dans les textes cités auparavant le souci de relier les raisons d'une réforme profonde aux nécessités de la politique au jour le jour. Le titre même évoque l'exigence d'un accord entre les républicains modérés et les libéraux monarchistes, pour s'opposer aux extrémismes de droite et de gauche qui auraient pu compromettre la construction du nouveau régime. Mais l'auteur accorde aussi à ce titre une signification moins tributaire des circonstances. Il aurait voulu que la République conservatrice libère l'idée démocratique de l'image de legs exclusifs de la Révolution, pour récupérer le potentiel conservateur dont elle avait été privée du fait de son identification à la tradition des Lumières. Sa République se fondait sur une légitimité d'un type nouveau, puisqu'elle intégrait l'ensemble de l'histoire nationale. Duvergier de Hauranne lui-même, comme les auteurs cités auparavant, était persuadé que pour que cette perspective se réalise, l'idéal républicain devait s'approprier les principes fondamentaux et les caractéristiques institutionnelles de la monarchie constitutionnelle. Il proposait à son tour, selon une voie différente, un régime de type mixte, devant lequel la fracture traditionnelle entre monarchie et république perdrait sa prégnance et enfin s'annulerait.

L'analyse de ces textes permet d'éclairer en partie d'une lumière nouvelle les débuts de la IIIe République. L'historiographie a longtemps présenté le processus politique qui mena à la première stabilisation constitutionnelle (achevée avec les lois de 1875) comme un compromis imposé par des rapports de force incertains : les républicains, et notamment les plus modérés d'entre eux, auraient renoncé au régime d'assemblée en échange de la reconnaissance explicite de la République ; les monarchistes, et particulièrement les orléanistes, auraient exigé, pour soutenir la « République de

---

[1] Ernest Duvergier de Hauranne, *La Republique conservatrice,* Paris, Librairie Germer Baillère, 1873.

fait », de l'adapter au schéma d'une monarchie constitutionnelle proche du modèle anglais[1]. Cette solution, a-t-on dit, comportait une réserve à peine dissimulée : la possibilité de revenir en arrière si les conditions l'avaient permis, en conservant le drapeau et la forme de gouvernement mais en remplaçant à la tête de l'Etat le président par le roi.

Nous n'entendons pas nier la signification spécifiquement politique du processus qui aboutit à l'approbation des lois constitutionnelles de 1875. À leur propos, Serge Berstein parle ouvertement d'un « résultat de compromis »[2]. Jean-Marie Mayeur les présente comme un produit « empirique »[3]. Claude Nicolet juge qu'il s'agit d'un résultat « pragmatique »[4]. Ces définitions expriment bien la nouveauté que représenta 1875 dans l'histoire constitutionnelle française : le texte fondamental cessa d'être considéré comme l'incarnation d'un projet. Il devint un instrument apte à donner des réponses essentielles aux problèmes de gouvernement que posait la société française de l'époque. Ce fut une nécessité mais aussi un choix conscient. Ce n'est pas un hasard si, quelques années plus tôt, Edouard Laboulaye remarquait qu'il était symptomatique que les constitutions élaborées plus lentement étaient celles qui avaient eu l'existence la plus courte[5]. En bref, la constitution ne devait plus apporter une réponse à tous les problèmes, ni prévoir tous les scénarios possibles. Ce tournant avait déjà été préparé dans la phase finale du second Empire. C'est précisément à cette

---

[1] Pour un texte représentatif de cette position, cf. André Siegfried, *De la IIIe à la IVe Republique*, pp. 13-30. À cette vulgate traditionnelle, Odile Rudelle a opposé une thèse – fondée surtout sur la valorisation de la contribution de Laboulaye – qui soutient l'inspiration républicaine originelle des lois constitutionnelles de 1875 ; cf. Odile Rudelle, « La France et l'expérience constitutionnelle américaine : un modèle présent, perdu, retrouvé », in Marie-France Toinet (éd.), *Et la constitution crea l'Amerique*, Nancy, Presses universitaires de Nancy, 1988, pp. 35-52 et « De Jules Ferry à Raymond Poincaré ou l'échec du constitutionnalisme républicain », in Serge Berstein, Odile Rudelle (éd.), *Le Modèle republicain*, Paris, PUF, 1992, p. 106 (pp. 91-116).

[2] Serge Berstein, « Les institutions républicaines au début du XXe siècle », in Serge Berstein, Odile Rudelle (éd.), *Le Modèle republicain*, cit., pp. 147-148 (pp. 147-157).

[3] Jean-Marie Mayeur, *Les Debuts de la IIIe Republique, 1871-1898*, Paris, Seuil, 1973, p. 34.

[4] Claude Nicolet, *L'Idee republicaine en France (1789-1924). Essai d'histoire critique*, Paris, Gallimard, 1982, p. 161.

[5] cf. Edouard Laboulaye, *Questions constitutionnelles*, cit., p. 314.

époque, nous l'avons vu, que naquit et se développa un courant de pensée visant à recoudre la déchirure causée par 1789, en relativisant le clivage monarchie/république et en se tournant à cet effet vers des systèmes institutionnels de type mixte.

Les événements qui suivirent firent échouer ces tentatives de se doter d'institutions pouvant réunir les Français dans un système apte à résorber la fracture entre monarchie et république et à surmonter le traumatisme de la Révolution. Comme l'a montré François Furet, cette dernière parvint en effet à se traduire en pratiques et en institutions, une décennie seulement après l'approbation des lois fondamentales. Cela se fit selon des parcours qui conduisirent les institutions de la République à assumer une signification nettement parlementaire (ou mieux, « presque sur le modèle du régime d'assemblée »), et en frappant d'interdit toute volonté d'accorder une force autonome au pouvoir exécutif[1]. Cet état de fait impose précisément qu'une interprétation d'ensemble du gaullisme tienne compte des tentatives dont nous venons de parler et qui, nous venons de le voir, avaient été préparées dans la dernière phase du second Empire, mises en œuvre aux tout débuts de la IIIe République, et finalement interrompues par des obstacles liés aux luttes politiques de l'époque. Pour sa partie qui a le mieux résisté au temps, le gaullisme aura aussi été la reprise victorieuse de ces tentatives.

Déjà à l'époque de la Première Guerre mondiale, de Gaulle avait commencé à considérer avec intérêt les régimes constitutionnels de type mixte. Cette perspective le poussa à porter un jugement différent sur les prémices de la IIIe République et sur ses développements. Par la suite, il s'exprima à plusieurs reprises en faveur d'institutions qui pourraient synthétiser et englober les grandes expériences historiques de la France. C'est pourquoi l'historicité des institutions anglaises et leur aptitude à représenter l'ensemble de la communauté nationale exercèrent sur lui aussi une fascination permanente. Son opinion positive sur les institutions de l'Angleterre et des Etats-Unis ne varia pas avec le temps, et contrasta fortement avec son opinion sur les aspects culturels et

---

[1] cf. François Furet, *La Revolution. 1770-1880,* Paris, Hachette, 1988.

sociaux de ces pays. Même quand la politique de puissance l'amena à radicaliser son opposition à l'égard du monde anglo-saxon, ses institutions furent tenues à l'écart de toute condamnation. Elles restèrent pour lui un modèle[1].

En outre, dans son action réformatrice concrète, les points de contact avec le courant décrit plus haut ne sont pas moins évidents que ceux qui transparaissent de la comparaison des diverses sources d'inspiration. À l'occasion du discours de Bayeux, son projet s'accorda plus avec le révisionnisme orléaniste qu'avec les schémas de la démocratie plébiscitaire. On ne doit pas oublier que, plus que l'œuvre d'un homme ou d'une famille politique, les institutions de la Ve République naquirent d'une maturation au sein de la conception institutionnelle républicaine. Les vicissitudes de la IVe République facilitèrent la révision, et la rédaction du nouveau texte fut, nous l'avons vu, le fruit d'une élaboration à laquelle prirent part de nombreux représentants de la culture républicaine traditionnelle.

Il convient enfin de considérer le point central de la réforme de 1962 : l'élection du président de la République au suffrage universel direct comme pivot du système français. Certains ont vu dans cette réforme la preuve d'une absence d'influence orléaniste sur les institutions de la Ve République. Le fait que cette élection ait été soustraite à un collège de notables pour être directement confiée au suffrage populaire a été interprété comme l'effacement de la dernière trace du régime libéral et parlementaire classique[2]. Cette lecture privilégie ce que nous pourrions définir comme une analyse « philologique », face à la compréhension d'ensemble du système. Elle ne prend pas dûment en compte le contexte historique au cours duquel la réforme de 1962 vint à maturation. Certains chercheurs se sont demandé si en 1958, lors de l'édification du nouveau régime, ce furent les circonstances, ou plutôt des convictions de fond, qui poussèrent le général à renoncer à l'élection du chef de l'Etat au

---

[1] cf. en particulier Charles de Gaulle, « Discours prononcé à Westminster Hall », Londres, 7 avril 1960, in *DM 1958-1962*, op. cit., p. 181 (pp. 179-182).

[2] cf. en ce sens René Rémond, *Les Droites en France*, cit., p. 320.

suffrage direct[1]. La première raison est certainement la plus plausible. Au cours de cette phase historique, la réalité politique quotidienne et la situation algérienne auraient rendu problématique l'approbation d'une telle réforme. Déjà précaire, l'équilibre intérieur aurait été encore plus fragile et le problème algérien, déjà difficile à résoudre, aurait été encore plus compliqué. Mais si, en 1958, les circonstances firent obstacle au choix de l'élection directe, en 1962 elles le favorisèrent. En d'autres termes, ce sont des appréciations liées aux circonstances qui poussèrent de Gaulle à l'épreuve de force, beaucoup plus que le besoin irrésistible d'éliminer une marque du passé. Après l'attentat du Petit-Clamart, cette réforme servit surtout à stabiliser le pouvoir présidentiel. Une fois la crise terminée, elle interdirait au parlementarisme de réabsorber la nouvelle conception des institutions qui s'était affirmée en 1958. Ce fut une tentative réussie pour que ne se répète pas le scénario de 1875, quand un compromis patiemment recherché avait été balayé par les conditions de la lutte politique et la dérive des institutions.

On peut certes douter que, dans le système imaginé par de Gaulle, les institutions aient eu une importance primordiale. Pour lui, les choix de politique intérieure furent toujours subordonnés à la politique étrangère. Elles devaient notamment servir le prestige de la nation dans le monde. Les institutions n'avaient qu'une valeur d'instrument. Il ne revint jamais sur sa conviction que tout régime politique devait se soumettre à l'épreuve suprême de la guerre : un concept qui, au fil du temps, se transforma en celui de « crise extrême ». Autrement dit, lorsque la puissance nationale était très gravement exposée, le système devait se montrer à la hauteur ou passer la main.

Ces conceptions du général durent s'accorder avec les nécessités empiriques liées à son itinéraire politique. Il est indubitable que les institutions devinrent le terrain de conflit sur lequel le gaullisme fut conduit à mener ses batailles les plus importantes. En tout premier lieu, la question institutionnelle

---

[1] cf. *Naissance de la cinquième Republique. Analyse de la Constitution par la Revue française de science politique en 1959,* ouvrage collectif, Paris, PFNSP, et notamment Michel Debré, « Préface », pp. IX-XIV et Nicholas Wahl, « Introduction à une relecture », pp. XV-XXII.

causa le divorce entre de Gaulle et ses alliés de la Résistance. La révision de la constitution fut le thème principal de la polémique du RPF contre la IVe République. Indépendamment de la volonté explicite du général, ce fut aussi ce qui caractérisa le plus l'expérience du gaullisme d'opposition. Quand il revint au pouvoir, sa victoire fut marquée par la promulgation d'une nouvelle constitution. Pour devenir un mouvement politique durable, en évitant un retour de balancier après la crise, le gaullisme dut affronter le référendum de 1962 sur l'élection du président de la République au suffrage universel direct. Aujourd'hui enfin, de nombreux éléments de la matrice originaire du gaullisme semblent désormais dépassés, mais il reste encore les institutions qu'il donna au pays et sans lesquelles Monsieur Sarkozy ne serait jamais devenu le sixième Président de la Ve République Française.

REMERCIEMENTS

Avant de prendre congé de cet essai, je désire exprimer tout particulièrement ma gratitude à Gilles Le Béguec, Marc Lazar, Philippe Buton et Olivier Wieviorka. Alors que les urgences de la politique prenaient le dessus sur les exigences de l'étude, leurs conversations m'ont incité et encouragé à ne pas abandonner la réflexion historiographique et l'analyse théorique. Mes amis de *Ventunesimo Secolo* sont ensuite ceux qui, quotidiennement, me gardent lié à mon ancien univers : qu'ils en soit tous vivement remerciés. Pierpaolo Naccarella a contrôlé, avec sa méticulosité habituelle les sources et citations. Sans l'aide et l'assistance de Christine Vodovar, enfin, ce petit livre n'aurait jamais vu le jour.

INDEX DES NOMS

TABLE DES MATIERES

L'HARMATTAN, ITALIA
Via Degli Artisti 15 ; 10124 Torino

L'HARMATTAN HONGRIE
Könyvesbolt ; Kossuth L. u. 14-16
1053 Budapest

L'HARMATTAN BURKINA FASO
Rue 15.167 Route du Pô Patte d'oie
12 BP 226
Ouagadougou 12
(00226) 76 59 79 86

ESPACE L'HARMATTAN KINSHASA
Faculté des Sciences Sociales,
Politiques et Administratives
BP243, KIN XI ; Université de Kinshasa

L'HARMATTAN GUINEE
Almamya Rue KA 028
En face du restaurant le cèdre
OKB agency BP 3470 Conakry
(00224) 60 20 85 08
harmattanguinee@yahoo.fr

L'HARMATTAN COTE D'IVOIRE
M. Etien N'dah Ahmon
Résidence Karl / cité des arts
Abidjan-Cocody 03 BP 1588 Abidjan 03
(00225) 05 77 87 31

L'HARMATTAN MAURITANIE
Espace El Kettab du livre francophone
N° 472 avenue Palais des Congrès
BP 316 Nouakchott
(00222) 63 25 980

L'HARMATTAN CAMEROUN
BP 11486
(00237) 458 67 00
(00237) 976 61 66

Achevé d'imprimer par Corlet Numér que - 14110 Condé-sur-Noireau
N° d'Imprimeur : 62140 - Dépôt légal : juillet 2009 - *Imprimé en France*